イップス

魔病を乗り越えたアスリートたち

澤宮 優

角川新書

新書版はじめに

誤解だらけのイップス

イップスという言葉はすっかり人口に膾炙《かいしや》した。今では少年野球でもよく使われるようになっており、たとえば野球、ゴルフに限らず他のスポーツでも話題にされる。

しかし、調子を崩すと何かにつけて、マスコミはイップスと言いたがるようになっている。たとえば投手がコントロールを乱したり、野手が悪送球を続けたりすると、イップスと呼びたがる。ゴルファーにしてもパットの不振が続けば、これも忽《たちま》ちイップス扱いだ。

だが、これほど頻繁に使われるイップスという言葉は、造語であって、ちゃんとした医学用語ではない。ノーコンやスランプ、ファインプレー、絶好調などと同様に選手の状態を示す言葉に過ぎない。

従って、周囲の者が根拠もなく勝手にそう呼んでいるというのが現状である。定義も非常に曖昧《あいまい》だ。その頻度に相反して、イップスという言葉が意味不明のまま独り歩きしているのは皮肉な現象である。

たとえば、平成二九（二〇一七）年から阪神の藤浪晋太郎《ふじなみしんたろう》投手は、本人は否定しているのにもかかわらず、「イップスではないか」とずっと言われていた。このように、周囲から勝手に噂されるケースが多いのもイップスの特徴だ。それとは逆に、本人はイップスの症状に苦しんでいるのに、周りから「弱音を吐くな」「甘えるな」と叱責《しっせき》され、わかってもらえないケースも少なくはなく、選手が再起不能になることもある。

いつしか完治できない魔病とされたイップスは、言葉自体は広まったものの、その割に誤解が大変に多いというのが現実としてある。

また、用語自体がいい加減なために、症状の本質も未《いま》だに明らかになっているとは言い難いのが現状だ。イップスはいったい何が原因で起こるのか、誰がどんな基準でイップスと診断するのか、医学的な治療法はあるのか、医学では何という診断名になるのか、本当に病気なのか、これまで報告事例が殆《ほとん》どなかったのだ。

ここに、イップスの得体の知れない怖さがあるとも言えるだろう。メンタルが原因で起こると一般に言われているが、そう決めつけてしまっていいのだろうか。

じつは今回の取材を通して、イップスの原因はメンタルではなく、脳の誤作動にこそあることが分かった。

スポーツ心理学を専門とする大学教授や、実際に医療に携わるジストニアの研究者の方々に取材を積み重ね、学術論文にもあたることで、その有力な情報を提示することができたのだ。また、原因の究明だけではなく、取材の成果の一つとしてイップスの改善方法も最後にできるだけ多く示すこともできた。なかには技術的な問題があって、運動神経に支障をきたしてイップスになったと考えられるケースもあった。それは正しいフォーム、技術を習得することで、予防・克服できるケースもあることを意味する。

さらに、イップスを体験したアスリートの生の声や体験談なども取り入れることで、未だに謎多きイップスの最新の知見を伝えることができたと考えている。

言葉自体も学術的な根拠からできたものではない

私がイップスという言葉を初めて知ったのは、平成一三（二〇〇一）年に打撃投手の取材をしたときである。当時、千葉ロッテマリーンズの打撃投手が、この仕事にはイップスになる人が多いと話してくれたのだ。イップスをまったく知らなかった私は、ほかの野球関係者にも話を聞いたところ、心理的な要素で運動障害が起こることだと知らされ、そう信じてきた。イップスが一般にはまだ認知されていない頃で、深く探究することもなかった。

その後、約一〇年前にあるノンフィクション雑誌の企画でイップスを取り上げようとしたことがある。この頃は今ほどでないにしろ、野球の取材をするたびに、「あの選手はイップスらしい」「彼はイップスで駄目になった」といった噂が誰彼ともなく囁《ささや》かれていたときだった。イップスをもっと周知し、この症状に切り込みたいと考えたものの、噂される選手当人に取材依頼をすると「今は話したくない」「引退後に話す」「イップスに特化した取材は受けたくない」という理由で断られて、企画そのものが頓挫《とんざ》した。

拙著『打撃投手』（講談社、のち『バッティングピッチャー』と改題し集英社文庫）では取材に応じてくれた打撃投手のイップスは記せたが、イップスだけで一冊をまとめることはかなわずにきた。

転機となったのは平成二九（二〇一七）年の「週刊文春」（八月三一日号）に、阪神の藤浪が制球難で選手生命の危機に直面しているという記事が掲載されているのを見たことだ。彼の不調はイップスが原因ではないかと書かれたことは、ショッキングな話題になった。このとき、私はスポーツの書き手としてイップスを正しく追究したいという使命感を抱くようになる。当時でも実際にイップスになった選手の体験談も多くはなく、何より医学的、学術的な分野からの考察を知る機会が殆どなかった。そのことが、イップスをより恐ろしい症状にしていると思ったのだ。

イップスは『オックスフォードスポーツ医科学辞典』では、こう定義されている。

〈無意識的な筋活動の乱れで、ゴルファーにみられ、パッティング中に腕が痙攣《けいれん》するのが特徴。処置が非常に困難である。症状を緩和するために利き手側でないほうを使ったり、ポジションを変えたりするゴルファーもいれば、精神安定剤（ベンゾジアゼピンなど）を服用するゴルファーもいる〉

イップスはゴルフから来た用語であり、「Yips」と書く。昭和五（一九三〇）年前後に活躍したプロゴルファーのトミー・アーマーがこの症状でパットが上手《うま》く行かなくなり、ゴルフ生命を絶たれた。昭和四二（一九六七）年に、彼がこれを「イップス」と名付けたのが始まりだ。

イップスの語源は、子犬が鳴く声を表したものだとも言う。あるいは、人が突発的に出す声で「ひゃあ」「うわあ」を意味するとも言われる。アメリカでは、何か失敗したときに咄《とっ》嗟《さ》に「ウップス」と声を上げる。「やってしまった」「しまった」という意味である。

言葉自体も学術的な根拠からできたものではない。

運動障害だからイップスが起こるのはゴルフ、野球に限らない。いかなるスポーツでも発症する可能性がある。たまたまゴルフや野球の世界でイップスと呼んでいるだけで、これに似た症状は他のスポーツでも、人間の日常行動でも別の呼び名で見られる。

イップスと呼ばれるようになった当時から確たる治療法はなく、その後もスポーツ界では、この運動障害に罹患《りかん》して、そのまま引退を余儀なくされるケースも少なくなかった。完璧《かんぺき》に克服した人は殆どいないのではないだろうか。

野球で言えば、やはり送球イップスが有名だ。投手の制球難、内野手の送球難、捕手が二塁に投げられないというケースが知られる。

重度になると、相手のミットに投げるつもりが、足元の地面に叩《たた》きつけるようになったり、室内練習場の天井にぶつけたりする。これまでの対処法としては、野手であれば、内野から外野にコンバートされたり、投手であればオーバースローからサイドスローに変えたりといった表面的な工夫があっただけだ。

ゴルフではパットだけでなく、ドライバー、アプローチなどでも症状が出てくるが、これまでは殆ど完治例がなかったと聞く。

平成二九年に引退した宮里藍《みやざとあい》も、パットでイップスに苦しめられた一人だ。引退会見で、彼女はパターをするときにイップスになってしまったと語っている。発症したのは、平成二五（二〇一三）年九月。愛用のパターが壊れたので、新しいパターで打ったときに感覚がどうも合わず、そこから調子を崩してイップスになったという。以後、バーディチャンスになってもパットを外すことが多くなった。

平成二五年に賞金女王となった森田理香子《もりたりかこ》もイップスを経験した。ゴルフでは日本に限らず、欧米でもアーノルド・パーマーやトム・ワトソンなどの経験者がよく知られている。

先述したように、阪神の藤浪も制球難に悩まされており、以前のような実力を発揮していなかった。二軍落ちも経験し、平成二九年は三勝と物足りない成績に終わった。とくに四球四五、死球八という数字は、彼のこの年の投球回数五九からすればその多さは尋常ではない。彼が深刻な制球難に陥ったのは、開幕直後四月四日のヤクルト戦で畠山和洋《はたけやまかずひろ》の頭部付近に死球を与えたのが一因という。両軍が入り乱れての乱闘になり、この試合は、五回を投げて九つの四死球を記録するものだった。

また、一軍復帰後の八月一六日の広島戦では、打者大瀬良大地《おおせらだいち》の左肩にすっぽ抜けの球を当てた。その後も菊池涼介《きくちりょうすけ》の左肩付近に当て、またしても選手たちが飛び出してグラウンドがざわめきだした。

彼の投球を見たが、制球に苦しみ、とくに右打者だと制球が一定しない傾向があった。雑誌やニュースが「藤浪はイップスではないか」と書き立てたのもわからないではないが、性急すぎた。

以後、藤浪は〇勝の年もあり不振をかこっていたが、令和二（二〇二〇）年に中継ぎに配置転換されると、ようやく安定した投球を見せつつある。令和三（二〇二一）年は開幕投手を務め、初勝利を挙げた四月九日の横浜DeNA戦では、七回を投げて二失点、一五〇キロ台の力強い速球を主体にして健在ぶりを見せつけた。その後に調子を崩し二軍落ちしたが、再度中継ぎに回ると、一軍で安定感を増してきたようだ。

藤浪自身は一貫してイップスではないと述べているので、症状云々《うんぬん》を取り沙汰《ざた》するより、本人の努力を長い目で見守ることが大事であると教えられた思いがする。

語る勇気

人は誰しも生きている限り、試練に遭う。あるいは修羅を抱えて生きなければならないこともある。イップスもその一つである。「何という理不尽な症状に、前触れもなく、自分だけが襲われなければいけないのか」。かつては選手生命の終わりを意味することもあり、その絶望、怒り、悲しみは尋常ではなかったことと推察する。

解決の糸口を藁《わら》にもすがる思いで摑《つか》みたい、というのが苦しむ選手の本音であろう。そのとき、人はどういう生き方をするのか、そこにも関心があった。絶望してイップスになった運命を呪うのか、わずかな光明でも可能性を見出《みいだ》し、全力で克服のために立ち向かっていくのか。不幸にも克服はできなくても、新しいパフォーマンスの方法や生き方を模索し、人生を切り開く勇気を持ち得るのか。私はいろんなケースがあることを伝えたかった。

本書は実際にイップスを体験した人々にインタビューしているが、これまでそのようなドキュメントを実名を挙げて詳しく書いた本は皆無だった。人は自分の弱さを語ろうとはしない。それがイップスの実像を閉ざされたものとし、より深刻な状況に選手を追い込んでしまっていなかっただろうか。

先述したように、約一〇年前には取材をしても拒否されることが圧倒的に多かった。その後、徐々に引退後にイップスを公表するアスリートが増えてきた。イップスもさらに世間に認知されるようになり、以前ほど頑《かたく》なに隠すアスリートは少なくなったように思う。イップスと言われたり、書かれたりしていたアスリートたちに再度取材を試みて、平成三〇（二〇一八）年に作品化した。

それでも取材は難航し、「イップスに特化した取材は受けたくない」と言って断られるケースも少なくなかった。その中で、何名かの方が勇気を出して話してくれた。それが本書に登場する人たちである。彼らは自らその症状を公開し、その苦労、対処法、そして人生やスポーツにおいて新たに見えたことを隠すことなく語ってくれた。

その勇気に、多大なる敬意を払いたい。おそらく、自分が語ることでイップスに苦しむ人たちを一人でも助けたいと思ったのだろう。

イップスについて書くには、症状に苦しむ選手を助け、育て、指導するコーチや指導者の存在も欠かせなかった。選手の努力はもちろんだが、イップスはコーチとの二人三脚で克服してゆくケースも多い。指導者がイップスを克服させるために、どんな練習方法を採ったのか。その点にも紙幅を費やしたので、指導する人たちの一助にもなればと思う。

今回の新書版では、冒頭に述べたように、イップスのメカニズムについて更に判明したことを書き込み、改訂した。

失意の中で私たちはどう生きればいいのか。スポーツという枠だけでなく、多くの困難に直面した人々が、イップスと真摯《しんし》に戦う選手たちの姿から、今の時代に生きる勇気を抱くことを願ってやまない。

二〇二一年八月

澤宮《さわみや》　優《ゆう》

目次

イップス論／イップスは治る／外野手という選択／外野で見つけたやりがい／ついに一軍で活躍！／ヒルマン監督を唸らせた気迫／プレーオフで発揮された守備力／新庄から譲られた「背番号一」／三年連続ゴールデン・グラブ賞／西武でもベテランの味を発揮

栄光の絶頂でイップスに／芸能人とのコンペが嫌だった／異色の経歴／井上プロコーチと二人三脚／調子を崩した欧州ツアー／破滅の方向に自転車を漕ぐ／イップス＝鬱ではない／泥沼の中をもがきながら／日本オープンで優勝争い／人が喜んでくれるプレーをしたい

第一章

捕手にボールが届かない

岩本勉（元北海道日本ハムファイターズ投手）

1971年生まれ。大阪府出身。阪南大高から90年にドラフト２位で日本ハムファイターズに入団。ポジションは投手。98年から２年連続２ケタ勝利を挙げエースとして活躍。ヒーローインタビューでは「1、2、3、まいどっ!!」のあいさつでファンを沸かせた。2005年に引退。現在は野球解説者として活動中。

まさかあの明るい岩本が

岩本勉《いわもとつとむ》と言えば、平成前期（一九九〇年代）の日本ハムファイターズのエースとして君臨した投手である。とくに平成八（一九九六）年から一〇勝、七勝、一一勝、一三勝と続く勝利数は、当時Bクラスが多かったチーム成績の中で数字以上の貢献度がある。一八二センチ、九〇キロの堂々たる体軀《たいく》からオーバースローで投げおろす球は、まさにリーグを代表する本格派の投手と言っても過言ではなかった。

さらに岩本を人気選手たらしめているのは、何と言っても浪速《なにわ》っ子らしい天性の明るさである。かつてパ・リーグは地味で人気も今ほどでなく、セ・リーグに観客動員もファンの数も大きな差をつけられていた。球場に行っても空いている席が多く、マスコミの注目度も低い中、岩本は球場内でパフォーマンスを行ってファンの注目を引いた。滑舌のいい、大阪の漫才を思わせるひょうきんな笑顔で、ヒーローインタビューの際には「一、二、三、まいどっ!!」という威勢のいい声が球場に響いた。聞いた側も元気をもらうほど気持ちのよいものだった。愛称は岩本の「岩」を音読みして「ガンちゃん」。

岩本は日本ハムのファンでなくても「明るくひょうきんな選手」として野球ファンなら誰もが知る存在となった。その彼が新人時代から深刻なイップスに罹《かか》っていたことをネットの記事で知ったとき、本当に驚いた。イップスを血の滲《にじ》むような訓練で克服して、エースとなったことも知った。まさかあの明るい岩本が、という信じられない思いだった。

選手の殆《ほとん》どがイップスであることを隠し続ける中、スター選手の彼が包み隠さず語った真《しん》摯《し》さにも感銘を受けた。

イップスは選手自らが隠し、認めないことによって、その正体が掴《つか》めず、克服方法もはっきりしないものである。イップスに罹った多くの選手は、人知れず深刻な悩みを抱えたまま球界を去っていく。そこにこの症状の闇がある。

岩本は堂々と自らの体験を語ったが、私はさらに詳しく彼の苦しみを知り、どのような辛苦を経て、一流の投手になったのか、正確に記すことがイップス克服の大きな原動力になると信じた。

僕はイップスを公表した

なぜイップスが公にされにくいのか。彼は入団して三、四年目がもっともイップスがひどかった。二軍でひたすら汗を流しているときだった。私の率直な問いかけに岩本ははっきりと言った。

「これはプロ野球選手として最大の弱点なのですよ。一番の弱みなのです。相手に知れたら、またやらかすぞと言われる。だから言いたくないのですよ」

例えばイップスを持っている投手がマウンドに上がったとする。相手ベンチにその投手に症状があると知られた場合はどうなるだろうか。当然相手は相応の作戦に出る。まずは初球からボールを見て手を出さない待球作戦に出る。バントの構えをしてゆさぶる。声で「イップスやぞ」と率直に野次を飛ばす場合もあれば、「おーい、コントロールばらけてきたぞ。悪い癖出たぞ」と言うケースもある。ますます投手は萎縮《いしゅく》して投球が乱れる。泥沼である。イップスを隠さなければいけないのは、そんな事情のためである。

岩本は、この悩みを持っているプロ野球選手は全体の半分はいるのではないかと推測する。

「まあ症状の大小はありますがねえ」と彼は呟《つぶや》いた。

「あれは目に見えない心の病ですから、アスリートがパフォーマンスをする前に萎縮してしまうのですね。それは絶対に人に悟られたくない。だからふさぎ込んでしまうのです」

もちろん対処法はある。内野手であれば外野にコンバートしたり、投手であればオーバースローからサイドスローに変えたりすることで好転することもある。かつて東海大相模《さがみ》高校に一二三《ひふみ》慎太《しんた》という平成二二(二〇一〇)年に夏の甲子園《こうしえん》で準優勝した投手がいた。オーバースローから投げ込む球は力強く、一五〇キロ右腕と呼ばれもした。だがイップスに罹り、サイドスローに転向した。後に阪神タイガースに入団し、野手に転向したが、故障のため退団した。

だがイップスは、コンバートされてもその体内の奥深くに根強く存在し続ける。そこが厄介な点である。岩本は症状に蓋《ふた》をして表に出さないようにしているだけであると言う。どこに行ってもポケットの中に症状を入れて持ち歩くようなものである。ポケットの中のイップスがいつ表に出てくるのか、それは本人にもわからない。

振り払うことができないのだから、イップスはいつもまとわりつく。例えば、とイップスになったセ・リーグのエースだった投手を挙げた。彼は激しい気性が売りだった。

「ちゃぶ台にイップスが載っているとしますね。これを気性の激しい人なら、ちゃぶ台ひっくり返して振り払うこともできるんです。でもいつでもこの荷物は載せることができるんです。彼がそれを感じるのはボールを捕って一塁に送球とか、敬遠とか、自分を加減しなければならないとき。突然、ちゃぶ台にドンと載せられるのです。破れかぶれでちゃぶ台を返しているときは、全力投球の精神でどうにかサマになるんです。そのときのパフォーマンスは凄《すご》い。人も見てびっくりするようなピッチングができるんです」

症状がポケットに入っていれば凄いピッチングができる。だが何かの拍子にイップスが頭をもたげ、その後の彼を苦しめた。

だから岩本は、自分はイップス持ちであると公表に踏み切った。それも現役時代にである。

「僕は逆に今、イップスですと公言し、これで悩んでるんですよと言った方が絶対早く治ると思っています。一回の恥は一生の会得と言うじゃないですか。乗り越えるためには自分をあるがままに認めて、破れかぶれになれるかどうか、開き直りができるかどうかが大切なんです」

自分をありのままに受け入れる、言うは易く行うは難しである。周囲からの雑音も心を乱す。だが岩本はその信念を貫いて、エースに飛躍する要因としたのだった。

岩本は昭和四六（一九七一）年生まれで、阪南大学高校を経て、平成元（一九八九）年にドラフト二位で日本ハムに指名され、翌年入団した。高卒で一四五キロの速球派ということで、周囲の期待もただならぬものだった。ところが彼は一軍で初勝利を挙げるまで五年の空白がある。とくに平成二（一九九〇）年から六（一九九四）年までは一軍出場は一けた。出場なしが二年続くときもあった。

もちろんイップスによる制球難のためである。

「プロに入ってきつかったけど、じつはイップスの素地は昔からあったんですよ」

そう呟いた。

プロ三年目で深刻化

思い返せば、と岩本は遠くを見つめた。小学生のときからその兆候があったかもしれない。

小学校時代は八尾北《やおきた》リトルリーグに所属し、投手で全国制覇もしたが、周囲から言われたことを覚えている。

「岩本ちゃんは投げんとわからんもんな」

力でねじ伏せて完膚なきまでに抑える日と、ストライクが殆ど入らずに自滅する日と、出来栄えが両極端だった。

中学、高校時代もそうだった。マウンドに立ってみないと調子がわからない。試合前日は寝る前に「明日はいい日でありますように」といつも祈った。その日のプレートに立った心理状態いかんで、コントロールがいいか悪いか左右されることが多かった。気持ちが安定すればいい投球ができる。とくに先頭打者をアウトに取れば、さらに気分が安定し、自分の投球に入っていけた。

プロでも症状はあったが、二年目までは何とかやれていた。

「ずっと制球難はあったんですよ。ノーコン、ノーコンと言われていたけど、破れかぶれでど真ん中に投げて何とかやれていたんです。何とかサマになる試合もできた。カーブでカウントを取れる強みもあった。でもやがてごまかしが利かなくなった」

二年目の八月に岩本は初めて一軍に昇格する。先輩投手の何人かに怪我人が出て、登録人数に空きができた。そこに岩本が入ったのである。敗戦処理で投げたが、イップスを意識することなく投げることができた。五試合九回を投げて、自責点は二だから、いい結果と言うべきだろう。ここでの成果を認められて、オフにアメリカ留学に派遣された。

「あんな開放的なアメリカでイップスになったんですよ」

それは練習試合だった。マウンドに立っていると、突然予兆もなく制球が乱れた。太陽が燦々《さんさん》と照りつけている。そんな陽気なグラウンドで、岩本の乱調が始まった。とにかくストライクが入らない。塁上に走者が溜《た》まっていく。投手コーチがタイムをかけて、マウンドまでやって来た。

「How doing?」

そう聞いてくれたが、イップスだと言えずに、指がスリップしたのだと嘘をついた。

「暴投ではなく球がばらけたんですね。制御が利かなくなったんです。ちびっとるなあという心理になってしまった」

乱調は戻らず途中降板したが、これで一気に評価は下がってしまった。アメリカのチームから日本ハムに送る評価表があったが、何人か行ったチームメイトの中で岩本はかなり低かった。将来性、実力など事細かに項目別に五段階評価されたが、殆どの評価点が三や二だった。ここに〈イップスで投球困難〉とも書かれてしまった。アメリカの指導者はすぐに岩本がイップスだと見抜いたのである。そのコーチは言った。

「お前は体が強いから、何かのきっかけを掴んだらいいけどなあ」

その助言通りになるのは、ずいぶん後になってからだ。このときはイップス地獄の序章に入ったばかりだった。

自分では順調にエースへの階段を登っているつもりだった。高卒で入り、二年目に一軍でわりとよく投げた。アメリカへも派遣された。開幕一軍も目の前に来ていた。だがそのサバイバルレースに負けて、自分を鼓舞するためさらに猛練習を課したが、心に焦りがあった。無理が祟《たた》り、腰を痛めてしまった。

そこに相まってイップスが深刻化した。プロ三年目、四年目と一軍登板はゼロである。二軍暮らしが続いていたが、イップスが手の付けられない状態になっていた。

悪化した直接の原因は、二軍でのバントフォーメーションで内野手の舌打ちが頻繁にあって、それを気にしたからだ。二軍投手陣の心理に翳《かげ》を落とし、その中でももっとも岩本が影響を受けてしまったのである。

バント処理の練習は、投手が投げて、打者がバントする。内野手も同時にフォーメーションプレーで前進したり、ベースカバーに入ったりと全員が動く。そのフォーメーションを完成させるには投手は絶対にストライクを投げて、打者にバントさせなければならない。

「もし僕がボールを投げてしまったら、野手はまた一からやり直さなければならなくなる。

こんなに野手が動いているのにと意識すると、コントロールが利かなくなるんです」

そんな経験が積み重なって、いつしか深刻な状況になった。ただこの体験がなくても、遠からず深刻な症状になっただろうと分析する。それは彼の性格である。

「イップスになる性格はあると思うんです。ざっくり言うと、気遣いの人、大阪弁で言う気い遣いですね。どっちか言うたら僕は優しいほうやと思いますよ。そりゃイケイケに見せていますけど、それは虎の威を借る何とかだと思ってください。よくしゃべる性格を利用して、先にいろんなことを話して自分のパーソナルスペースを作る。あの一、二、三、まいどっ!!は、当時のパ・リーグの人気事情もあったんです。まあイップス持ちは性格のいい人が多いんです」

岩本は苦笑した。彼の人知れぬ苦労が窺《うかが》えた。

ボールが捕手に届かない！

岩本が一番深刻だったのは三年目、四年目だった。二軍の練習場に屋内のブルペンがあった。六つほど作られているが、それぞれの境目に防球用のネットが吊《つ》るされている。さらに端の二つのブルペンは構造上、極端に屋根が低く作られていた。岩本はイップスのとき、防球ネットや低いほうの天井に球を思い切りぶつけていた。捕手にボールが行ったときも、ワンバウンドしたり、捕手がジャンプして捕るほど高めに行ったりすることもあった。ある捕手はバウンドのためにわき腹を切った。そんなことが続いたある日、彼がブルペンに行くと、捕手たちが一斉にいなくなった。岩本のボールを受けるのが怖かったからだ。

グラウンドの打撃練習で投げれば、投げたボールがケージの外に行く大暴投もあった。打撃練習の相手を務めるために、マウンドに登ろうとしたときだ。そのとき誰もケージの中で打とうとする打者はいなかった。球がどこに来るかわからない恐怖のためである。しまいには打撃コーチが岩本を強い剣幕で叱った。

「お前代われ。バッターが怪我するだろうが」

それほどまでに制球に難があったのだ。

岩本の周囲にもイップスに苦しむ選手が何人もいた。ある者は悩んで円形脱毛症になって辞めていった。ノイローゼの症状になった選手もいた。彼自身も球場に行くのが嫌になっていた。

イップスについて笑うに笑えない逸話がある。通常キャンプでは四、五人の投手が並んで投球練習を行う。イップスで制球に難のある投手はブルペン捕手の構えるミットに投げることができない。思い切り投げたら、隣のブルペン捕手のミットにきれいにストライクで入ったケースがあった。かと思えば、ブルペン捕手にもイップスは多い。スタッフという立場のため、選手よりも一歩引いた立場になる。そのせいで主力投手に返球するとき、腕が萎縮して投げることができない。これも思い切り返球したら、隣の投手のグラブに見事に入ったという話がある。

岩本はどうか。

「イップスは性格がすごく重要なのだと思いました。今思い返せば、そのとき自分の弱点を認める勇気、それが必要だったのかなと思います。一方で〝えー！　チクショウ〟と喧嘩《けんか》のつもりでね、これで治らなかったら辞めてやると思って徹底して投げ込みもしました」

一見矛盾するが、根底では通じる部分がある。それは彼が当初から言っている開き直りである。彼は一つの喩《たと》えを出した。幼いときの喧嘩である。喧嘩は腕力と気性の強い者が勝つ。だが唯一例外として、力がなくても勝つケースがある。それは早く泣いた奴がやけくそになって歯向かったときである。すべてを捨てて向かっていくから怖いものはない。

「幼いとき、喧嘩怖いじゃないですか。だけど泣いたら強い奴がいますよね。それですよ。僕も泣きながら投法ですよね。そうやってがむしゃらに投げまくったんです」

それが徐々に形になりつつあるときだった。ある投手コーチが岩本の動きに目を留めた。

野手のように投げてみろ

岩本がプロ四年目のときだった。これまで彼は二年目に一軍で五試合に登板しただけで、いつ戦力外通告をされてもおかしくはないと考えていた。幸い解雇を逃れて岩本は秋季キャンプに参加した。そこでのフィールディングの練習のときである。このとき一軍投手コーチには、巨人のV９時代に左腕のエースとして二〇勝を二度挙げた高橋一三《たかはしかずみ》がいた。

岩本は投球に支障があったが、一塁への送球は無難にこなすことができた。イップスの特徴はある一つの動きに出るのである。ソフトバンクの著名な内野手は一塁への送球は支障がないが、アウトを取ったときの緩い速度でのボール回しができない。それをカバーするため捕ったらすぐに投げるという方法を続けている。

高橋は岩本の制球難を知っていたので、難なくフィールディングをこなす岩本を見て、一つの示唆を与えた。守備練習が終わったとき、高橋は岩本をブルペンに呼んだ。そこに捕手が座っていた。高橋は、マウンドにいる岩本にセットポジションの姿勢を取らせた。

「いいか、これからお前にびゅっと投げるから、捕ったらフィールディングのように捕手に投げろ」

フィールディングの感覚で、捕手に投げさせようとしたのだ。これがきれいに捕手のミットに入り、捕手は「いいぞ！」と声を上げた。いい調子で繰り返しているうちに、高橋は投球モーションをしながら投げてみろと言った。

高橋も現役時代はコントロールがよくなかった。常にカウントが一ストライク三ボールになり、一三の名前の通りだと揶揄《やゆ》された。だが剛腕で沢村《さわむら》賞を二度、ベストナインも受賞した。自分の姿を岩本に重ね合わせたのかもしれない。高橋は助言した。

「お前、阪神の江本孟紀《えもとたけのり》ちゅうサイドスローで投げる投手がおるだろ。彼をイメージして野手の送球と同じようにここで投球してみろ」

一塁への送球をイメージしてサイドスロー気味に捕手に投げたら、自分でも思いのほかいい球が行った。それは岩本自身も驚くくらいに素晴らしい球だった。

受けた捕手は言った。

「これで飯食えるじゃん！」

岩本はクセ球だったが、どんなにボールを投げ続けても耐えられる体力があった。そのために自分のスタイルを作りだすことが可能だったのである。やがてきちんとした投球フォームから捕手に向かって投げることができるようになった。

光が見えた

この頃、岩本が心に期したのは、一日一〇〇〇球投げることだった。常識からいえば確実に肩を潰《つぶ》す。じつはそういう願望もないわけではなかった。それはなぜか。自分がイップスになって「マウンドでちびってしまって大阪に戻って来た」と言うより、「投げすぎて肩を壊して帰って来た」と言った方が、恥をかかなくて済むと考えたのである。

「ちびってもうて大阪に帰って来たなんて、そんな恰好《かっこう》の悪い帰り方できんと思いました。見栄《みえ》もあったんです。だから潰れるまで投げようと思ったけど、意外と潰れんかった」

岩本は相好を崩した。人が見ている前で投げるのは照れ臭かった。そのため二軍の全体練習が終わって皆《みんな》が帰るのを秘《ひそ》かに確認した。もう誰もいないとわかったとき、夜間練習場に一人入った。何も悪いことをしたわけではないのに、お忍びで鍵《かぎ》を開けて中に入るのが自分ながらおかしかった。夜になっていたから、窓から光も入らない。真っ暗な室内で、一番端にある蛍光灯を一つだけ点《つ》けた。全体練習が終わるのは二二時。そこから岩本は個人練習を始める。

受けてくれる捕手はいないので、毎日ネットに向かって投げる。まずは野手の送球の恰好で投げる。慣れたら投球モーションに変えていったが、最初はネットから二メートルの位置から投げた。徐々に距離も伸ばしていった。これを一日一〇〇〇球投げる。体は疲労困憊《こんぱい》になったが、元来潰れるのは覚悟の上だから、怖さはない。

だがコントロールはひどいものだった。当時の室内練習場は寮に隣接していたから、夜中に練習すればマシーンに当たる音など、部屋にすべて聞こえてしまう。気難しい先輩だと「こんな夜中に練習するな」と叱ることもある。

この頃の心境を岩本は吐露した。

「世界的に著名な催眠術師がいたら、全財産はたいても受けようと思いました。あなたは投球に対して何も不安はありません、と治療して診断してくれるなら全財産失っても惜しくはなかったです」

そんな心境の中で、岩本は一人で夜間練習を半年以上続けた。ある程度の距離から投げることができたら、実戦感覚を摑むために打者に立ってもらいたい。ただ制球は乱れているので、頭部に当たるかもしれない。誰が立ってくれるだろうか。左打者のほうが、球は外から打者の内側に入るので死球は少ないだろう。彼は一期下の後輩、荒井《あらい》昭吾《しょうご》という内野手に頼んだ。荒井は関東高校（現 聖徳《しょうとく》学園）出身で高校通算四九本塁打、打率は七割を超えた驚異的なスラッガー。岩本に一年遅れて平成三（一九九一）年にファイターズに入団した。同期には後年巨人のスーパーサブとして活躍した木村拓也《きむらたくや》がいる。荒井は寮の二つ隣の部屋だった。年も近いから忽《たちま》ち親しくなった。

取材時には、荒井はファイターズの職員としてチームを支えていたが、記憶は鮮明に残っていた。

この頃の寮ではプロ一年生が先輩たちを起こしに行く。岩本の部屋に行くと、素っ裸で寝ていることが多かった。最初は驚いたが、じきに慣れると、尻《しり》を何度も叩《たた》いて「起きてくださいよ」と言えるようになった。豪放磊落《らいらく》に見える岩本だが、グラウンドでは制球難に苦しんでいた。荒井は言う。

「ストライクが入らない悩みを自分の中で抱えていましてね。球は速いのですが、全然ストライクが入らない。しまいには試合でも投げられなくなって、野手の練習に入って来られたのですよ」

二軍のコーチは寮に住み込みで選手に教えていた。このときの守備コーチは猿渡寛茂《さるわたりひろしげ》である。猿渡は、現役時代は日本ハムの守備の名手として活躍。二塁、三塁、ショートを守った。昭和五二（一九七七）年に引退後は指導者として、守備の苦手な選手を多くレベルアップさせ、一軍で活躍させた。彼は内野手にボールをゆっくり転がし、それを野手が捕って、足を使って投げるという練習を繰り返していた。ノックではなく、確実に捕って投げるという基本を作るために行う。そこに岩本が入って来た。

「やはり何か変えたいという思いがあって、野手の練習に入って来られたのです」

岩本は懸命にゴロを捕って、足を使って投げる。当時を思い出して荒井はイップスについて語った。

「これ僕の持論ですけど、イップスになる人って、腕が長い人ですよね。大型内野手というのですか、大成しないことが多いように思うんです。なぜかなと考えたのですが、下半身を動かさないまま上半身で捕球するんですね。野手というのは捕ったら足を動かすのが基本ですから、上半身と足の連動が合わないと、すべておかしくなってしまう」

腕の長い選手は、ショートスローのとき足をすぐに動かしても、腕が遅れて出てしまう傾向にある。これも上半身と下半身の連動が上手《うま》く行かない。ファイターズで言えば大型の遊撃手であった陽岱鋼《ようだいかん》にしても、阪神でショートを務めた新庄剛志《しんじようつよし》にしても、内野手としては成功したとは言い難い。彼らは外野にコンバートされて名手となった。外野では投げる的が大きくなるから、体全体を使って投げることができるのだ。

「だから内野手で守備の上手い人は腕の短い人や小柄な人が多いようにも思うんですよね。日本ハムの我々の世代だと奈良原浩《ならはらひろし》さんは小さいけど動きが速くて上手かった。ショートの金子誠《かねこまこと》にしてもよーく見ると腕は長くない。だからショート、二塁というのは体型の問題もあるのかなと思いますね」

岩本は足も手も長い。上半身と下半身の連動を上手くするために、どうすればいいか。捕って投げるという野手の動きは足を使わなければならない。

「だから岩本さんはまず下半身を動かす。捕ったらすぐ投げるためには足を使わなければ投げられない。そういったことを含めて野手の練習を一緒にされたと思ったんですね」

　イップスは心理的な要因が大きいと言われるが、同時にイップスを発症する共通の癖があるというのも真実のようだ。荒井は回想する。

「やはり指先ばかりが気になってしまうのでしょうね。抑えようという気持ちが強くても下半身が使えてない。結局手先の感覚だけだからボールが抜けたり、ひっかけたりするんでしょう。野手でもそうなのですが、イップスで暴投するときは、だいたい余裕のあるときなんですね。捕って打者走者を見たら、まだ先に走ってない。慌てないでゆっくり投げようとするから、自分のリズムを崩して暴投になるんですね。難しいゴロをダイビングキャッチしたときなんて、意外に暴投にはならないですね。考えないですぐに投げますから。足を使って自分のリズムで常に投げる、そう僕らはコーチに教わり、イップスになることはありませんでした」


「まだこの距離は早いわ」


　荒井は岩本に可愛がられ、私生活でも付き合いは深かった。そんなとき岩本から室内練習場で打席に立ってくれないかと頼まれた。彼は言った。

「僕もヒットエンドランの練習になるからやりましょう」

だがそのことを知ったコーチは止めに来た。明日二軍のベンチに入るかもわからない選手に危険すぎると叱った。だが岩本も荒井も止めることはなかった。

「岩本さんは自分の中で何かよくなるきっかけを摑まれたんでしょうね。そう言われたとき僕が頷《うなず》いたのは自分のためでもありました。高校時代の金属バットから木のバットに適応できないでいたんです。生きた球を打てるし、ボール球だとヒットエンドランで打つ練習にもなる。何より一緒に一軍に行って活躍したいと思ったんです」

荒井は述懐する。岩本も打者が立てば一〇〇〇球を投げることはできない。一日三〇〇球になったが、最初は一〇メートルの距離から投げて、打たれれば打撃投手用のL字ネットに隠れた。調子がよくなると、一一メートル、一二メートルと距離を伸ばした。悪ければまた前に戻した。

「まだこの距離は早いわ」

この繰り返しだった。体に技術が染みつけば、目を瞑《つむ》ってでも投げられる筈《はず》だ。そこまでになりたい。それには反復しかないと岩本は信じた。ひたすら投げまくり、指にはタコができ、掌《てのひら》を見るとまっ黄色になっていた。手の皮が分厚くなった証拠だった。岩本は言う。

「黄色になるまで投げたら、指先が鈍くなって繊細なコントロールはつきにくいのですが、悩みが追い付かないくらいガンガン投げたかったんです。そういう日々が続いて、苦しんで苦しみぬいた日々でした」

相手を務めた荒井は、岩本の表情から少しずつ自信がついている気配を感じた。

このとき、まだ岩本には制球難が残っていた。

「俺、ゆっくり投げるからさ」

岩本は言ってくれたが、荒井は即座に言った。

「自分避《よ》けるの上手いから大丈夫です」

二人はその後も夜間練習を行った。岩本の球にも少しずつ力が入ってきた。そんなときでも岩本は明るかったという。「僕は気い遣いなんですよ」という彼の言葉が蘇《よみがえ》った。

荒井も岩本の姿をよく見ていた。

「イップスのときも性格は明るかったですよ。でもマウンドに行くと別人のように顔が緊張する。そういう思い出はありますね。だからいつもショートからひっぱたいてですね、〝いつも通り行けよホラ〟と声をかけました」

苦しんだ素振りは見せなかったが、ときおり元気がないときがやはりあった。そういうときに岩本は普段よりも練習したという。

夜間練習でも岩本は荒井に配慮してくれた。彼もプロ三年目でやはり居残り練習は疲れる。楽しくやるために、岩本は冗談を言って盛り上げてくれた。いつしか夜中の二時まで二人きりで練習していた日もあった。荒井も生きた球と対峙《たいじ》することによって体で打撃を覚えた。

岩本が精神的にも余裕ができてきたときである。荒井は自分の打撃練習のためにコースを指定した。ただ岩本も飽きっぽく冗談好きなところもある。突然、「あー！」と声を上げて、荒井の背中の後ろに投げた。失敗したふりをしてわざと投げたのである。

「危《あ》っぶねえ。今、わざと狙ったでしょ」

荒井が言うと、岩本は苦笑した。

「おう、狙ったわ」

「もうすげえ腹立つ〜」

荒井もムキになった。

「じゃあ今度はここに絶対投げてください。ここに投げたら岩本さんの頭を狙ってピッチャー返ししますから」

次の球を岩本は荒井の指定するコースに投げて来た。それをジャストミートすると、打球は鋭いライナーになって岩本を襲った。

「危ない」

荒井は叫んだ。咄嗟《とっさ》に岩本は避けたが、あまりにも狙った通りになってしまったので、彼もつい笑ってしまった。

「ボールが加速した」

岩本は言い返した。

「お前は先輩の心配せえや」

「だって滑っていったもん」

「あんな打球初めて見た。ほんとにここに投げたら、俺に打ちよった」

二人は腹を抱えて笑った。しばらく立てなかった。

この特訓の成果か荒井もこの年二軍で三割を打ち、月間MVPになってフレッシュスターゲームに選ばれた。一年後に待望の一軍に昇格し、タイムリーヒットも放ち、二塁、三塁、ショートを守れる守備固めとして一軍で貴重なバイプレーヤーになった。

岩本がプロ四年目の九月だった。秋になると二軍も消化試合を行う。すでにイースタン・リーグも順位が決まると、投げる投手がいないときは野手がマウンドに上がることもある。一〇点差がつけられたビジターゲームの八回だった。球場には西日がさしている。登板予定のない岩本はベンチに座っていた。このとき二軍監督の種茂《たねも》雅之《まさゆき》が突然登板を命じた。種茂は常に陰で努力する選手に目を向ける指揮官だった。何とか岩本に立ち直ってもらいたい一心だったのである。岩本は近くにいたブルペン捕手に「本当に俺なのか」と怪訝《けげん》な表情をしてマウンドに向かった。状態がよくなったとはいえ、まだ制球に自信はない。

そんな不安を察したのか種茂は静かに語った。

「日が暮れてもいいから、この一イニングお前が好きなように投げてこい」

岩本は黙って頷いた。彼が決意を秘めてマウンドに緊張しながら歩いていくときだった。

種茂はグラウンドに行こうとする選手たちに告げた。

「皆、よく聞け。岩本は自分の投球に対する苦しみに、毎晩のようにトライし続けている。この一イニングを彼にあげてくれ」

その事実を岩本はこのとき知らない。彼はマウンドに上がったものの、いつものように顔面蒼白《そうはく》になっていた。投球練習を開始したが、地に足がつかず、砲丸投げのようなぎこちないフォームで捕手に投げる有様だった。体全体が萎縮しまくっていた。このときショートの選手が走って来て、グラブで岩本の尻を強く叩いた。振り返ると、いつも夜間練習に付き合ってくれる荒井だった。

「大丈夫ですよ。きちんと守ってますから。どんな球でも捕ります」

荒井は決意を込めて言った。いつも岩本を朝起こすときに尻を叩いている。しっかりせいやという自分なりの励ましだった。このときの心境を岩本は振り返る。

「もうビビりまくりで、相手の野次も飛んでくる。そのとき荒井が来てくれた」

岩本は緊張で捕手もまともに見つめることができなかった。審判のプレーボールの声が掛かる。もう逃げられない。どうにでもなれと念じながら速球を投げると、打者は初球をフルスイングした。大きな打球音がして、後ろを振り向くと、打球はショートフライとなっていた。荒井の前に上がった。彼ががっちりと捕球してアウトになった。ボール回しも間が空くと岩本のリズムが崩れるだろうと皆が配慮して、急いで回した。

荒井は回想する。

「僕はもう何があっても止めるつもりでした。どんなゴロでも飛びつこうと。何とか〇点に抑えてほしいと思いました」

ワンアウトを取っていつもの心理を取り戻した岩本は、何とか一イニングを抑えた。その後も何度か二軍で投げるとき、荒井が「しっかり投げろ、ホラ」と声を掛けた。岩本も気持ちにゆとりができたのか、「わかっとるわ、そんなこと」と言い返すようになった。

荒井は「何でも来いや、全部捕ったるわ」という気概で、マウンドの岩本を見ていた。

岩本は二軍で投げられるようになって、そのオフにヤンキースに二度目の留学を命じられた。

五年目の平成六年には高橋一三コーチの助言で投げ方をサイドスローに変えた。フォームも変えたら、イップスも気にせずに投げることができた。この年は一軍で九試合投げて〇勝二敗という成績が残っている。九月二八日のロッテ戦で、一軍で初めて先発も務めたが、初回でノックアウトされた。しかし二軍では月間MVPになった。二軍の有望株としてオフにはハワイのウインターリーグに派遣され、二か月半チームの抑え投手を務めた。ピンチを凌《しの》いで、チームの勝利の瞬間に皆とハイタッチをする。ヒーローになった瞬間である。今まで夢に描いた投手としての喜びをようやく体験した。

「蝿叩き」と念じる

さらに岩本に転機が訪れた。このウインターリーグのときに、球団では首脳陣が一新されたのである。大沢啓二《おおさわけいじ》が最下位の責任をとって監督を辞任し、阪急で三年連続日本一を成し遂げた上田利治《うえだとしはる》が平成七（一九九五）年から指揮を執ることになった。投手コーチには阪急、近鉄、広島などで多くのエースを育てたベテランコーチの大石清《おおいしきよし》が就任した。広島時代にも川口和久《かわぐちかずひさ》、金石昭人《かねいしあきひと》、阪神時代には野田浩司《のだこうじ》らを一本立ちさせた名伯楽である。

本人も現役時代は、広島のエースとして三年連続二〇勝を記録した。気の強い投手として知られた。新人としてオープン戦で初めて投げたとき、南海ホークスの大沢啓二らスター選手の三人に死球を当てて相手からバットを投げられている。それでもひるまずに相手ベンチにバットを投げ返した逸話もある。

大石の目には岩本はどう映ったのだろうか。彼は苦笑しながら言った。

「調子のええ奴やったねえ。元気も良かったし」

だけど、と大石は表情を引き締めた。

「もう六年目だったでしょ。そこまで○勝ですもの。自分で変化するように努力しなければ後一、二年したらクビでしたね。上田さんは球の速さを買ってましたけど、ある程度コントロールとタイミングがないと投手は抑えられませんから」

この頃、岩本は秘かな悩みを抱えていた。彼はサイドスローで投げていたが、制球は安定しても、彼本来の速さが出なかった。左打者にはボールの出所が見やすい。それなりにいい投球をしながらも、鬱屈《うっくつ》した気持ちもあった。自分はもっと速い球が投げられる筈だという思いである。

まず大石は岩本の投げ方を見て呟いた。

「お前、体が強いのにサイドスローで投げるの勿体《もったい》ないな。完全なオーバースローにするのではなく、投げやすい角度でいいから、前でパチンと叩くように投げろ」

大石は岩本の投球を見て、球のキレと馬力は誰にも負けないと感じた。だから本来の上から投げる方法に戻したほうがいいと考えた。それが彼の特性を生かす方法だった。

岩本はパチンと叩くようにボールを放すという表現を初めて聞いた。大石は喩えを持ち出して説明した。

「俺の手に蠅が乗っていると思え。これを蠅叩きでやっつけろ」

岩本が手を伸ばそうとすると、大石は叱った。

「もう逃げちゃったじゃないか」

「はい……」

「本当に蠅をやっつけないといけないときどうするんだ。それがインパクトのあるリリースだよ」

投げ方とは直接関係ないが、要は瞬間のスピード、力強さがリリースに必要なのだ。大石はできるだけ自分の前でボールを放すように指導した。

「前で放すほど打者は打ちにくいものです。少しでも長く投手にボールを持たれたら嫌ですからね」

大石は体の前でリリースするように教えた。もともと岩本の腕は長い。そこで一気にリリースする瞬時の速さ、力強さが大切だ。これが大石の言う「蠅叩き」だった。彼は投げるたびに「蠅叩き、蠅叩き」と念じながら、力一杯リリースした。体のはるか前でリリースできるようになったので、ボールの威力も増した。大石が納得したように頷いた。

「そうだよ、それだよ」

大石はブルペン捕手にも聞いた。

「はい、凄くスピンが利いています」

捕手も岩本に直接声をかけた。

「ガンちゃん、最近いいねえ。ボールも切れてるし、いいよ」

岩本は日々変わった。顔の前でインパクトのあるリリースを行い、フォームを作っていくうちに、いつしかスリークォーターのフォームになっていた。平成七年に念願の開幕一軍入りも果たした。

当初は敗戦処理や中継ぎ起用が中心だった。しかしマウンドに上がれば、どうしてもコントロールがばらけ、切羽詰まって真ん中に投げると痛打される。ポケットの中のイップスが顔を出す。岩本はすぐに二軍に落とされた。しかし監督の上田は岩本を見捨てなかった。

「岩本は何とかならんか」

そう大石に相談した。彼はしばらく考えていたが、はっきりと言った。大石も気性は荒い。

「岩本が私の指示に従ってくれるなら、上げてください。その代わり毎日練習ですよ」

試合の前日であろうと投球練習はさせる。自分の教えたことを聞いてもらう。上田が岩本に打診したら、「やります」と答えた。

岩本は二軍暮らしが長い。もう後がなかった。これまで感じなかったコーチの助言もいろいろと深い意味があることがわかった。これまで反発することもあったが、素直に耳を傾ける姿勢にもなっていた。

そこから大石との二人三脚が始まった。毎日ネットに向かって五〇〇球を投げる。四月から毎日ネットピッチングを続けていくうちに、岩本のコントロールが定まった。

大石の投球理論は簡潔だ。要は歩くように投げなければならないという一点である。そのためには習得しなければならない五つの基本がある。その一番目は、投手は樹木が地に深く根を下ろすように力強く立つ。そこから投げる方向にステップする。そのとき体重移動を完全にするために、力のロスを失くす。

大石は投手には変化が大事だと力説する。

「私が常に投手に言うことは、変化なき所に進歩なしです。変化がないのだったら、ずっと今のままです。ちょっと変化することで持ち味が十分発揮できることがある。自分の中で拘《こだわ》って変われない人はやはり駄目ですね」

じつは岩本を二軍に落としたのは、変化を求めても言うことを聞かなかったからだ。彼が素直になってコーチの言うことを聞けば鬼に金棒である。大石も岩本を見て思った。

「コーチはいつも選手を見て、方向転換させたらこれを徹底させるのが大事だなと思いました。もちろん技術も必要ですが、変化したいという気持ちにさせることが重要なんです」

プロ野球選手であっても、どこかしら欠点を持って入団してくる。コーチのアドバイスを聞いて変化した選手がスタープレーヤーになる。そのような気持ちに持っていくことがコーチの仕事であり、本人もその気になるのが上達の秘訣《ひけつ》である。広島の川口も金石もそうして一流の投手になった。

大石が岩本に奨励したのがネットへのピッチングである。かつて岩本は二軍の夜間練習場でネットに向かって一日一〇〇〇球投げたが、大石も一日五〇〇球を課した。

「ネットピッチングなら、捕手もいないので二〇〇や三〇〇どころか五〇〇球でも投げられます。毎日これをやって、体が正しい形になるまで訓練しないと駄目です。私は練習方法で一番いいのはネットピッチングだと思います」

昔、投手はタオルを振ってシャドーピッチングをやったが、実際のボールを投げることでネットピッチングは効果が大きい。二軍の夜間練習場でネットに向かって投げた岩本のやり方は正しかったと言える。

再び中継ぎで投げるようになったとき上田から叱責《しっせき》を受けた。二軍からようやく一軍に復帰した直後、四月二九日の福岡ドームでのダイエー（現ソフトバンク）戦だった。岩本は八回裏に登板したが、このとき日本ハムは一対二で負けていた。もう一点もやれない場面だったが、二死まで取り、打席には小久保裕紀《こくぼひろき》が入った。上田は内角を攻めろと指示したが、岩本は死球を与えるのが怖くて、コースが中途半端になった球をレフト線に痛打され、二点を失った。

内角をどんどん攻めろ

ベンチに戻った岩本に上田は言った。

「ガン、お前（内角に）行け言うて行かなかったらもう使えんぞ」

その瞬間、使えないという言葉が脳裏に刻まれ、再び二軍落ちを覚悟した。ところが上田は翌日も登板を命じた。それも八回裏という同じ場面である。打席には主砲の秋山幸二《あきやまこうじ》がいたが、今度は闘志をむき出しに内角を突きまくった。秋山は腰が引けて空振りの三振に終わった。

ベンチに戻ると上田が「ナイスピッチングや」と尻を叩いてくれた。

以後、何かと岩本は指名されるようになった。

そうやって上田や大石の期待に応《こた》えることで、再び先発の機会が回ってきた。昨年のような屈辱はもうごめんだ。勝ち星こそつかなかったが、ノルマの六回以上を確実に投げて、上田や大石の期待に応えた。

七月半ばだった。このときはローテーションの谷間になっていた。急に大石にブルペンに行くように命じられた。今から三〇球投げろと言われ、日ごろ大石に教わった通りに投げた。

そこで大石は言った。

「じゃ、先発だ」

このシーズン二度目の先発である。じつはこの後にノックを受けているとき、岩本は左足を捻挫《ねんざ》してしまった。筋肉を傷める音が聞こえたほどだから、相当ひどい症状だった。足を引きずりながら帰宅したが、これでチャンスを逃してはいけないと自分に言い聞かせた。翌朝、足を見ると二回りも膨れていた。だがラストチャンスだから休むわけにはいかない。クビになってもともとだと言い聞かせ、トレーナーに錠剤の痛み止めを通常の三倍の量をもらった。足にも強いサポーターをつけた。

七月一四日に東京ドームで行われる西武戦が先発日だった。ブルペンで投球練習をするだけでも足が激しく痛む。投げるたびに脂汗が流れたが、痛み止めも効いてきた。マウンドで投球練習をしたときも痛かったが、球審の「プレーボール」がコールされたとき、体中にアドレナリンが全開して痛みが消えた。「蠅を叩く」という大石の言葉通り、顔の前でボールをリリースすることに集中して投げることができた。

「怪我の功名ですよ。痛みのせいでイップスの意識がどこかに行ったんです」

捕手は近鉄で正捕手として活躍し、ベストナインにも選ばれた山下和彦《やましたかずひこ》が務めた。内角を突くリードに定評のあるベテラン捕手である。

山下もイップスが来ないように、カーブを交ぜる投球を組み立ててくれた。カーブは指の腹で投げるから、イップスの影響はない。指先にひっかからないのだ。

岩本は言う。

「イップスになった人が変化球でどうにか凌ぐというのは一杯あるのですね。同じ投球でもストレートと全然違うんです。ストレートは指の点で放すボールだからコントロールが難しい。変化球は指の腹でなぞれるからまだいいんです」

岩本はイップスを相手に悟られないために、乗り越えたように振舞ったが、いつなんどきイップスの不安がよぎるかわからない。だが、この日の岩本は別人だった。彼が許した得点は垣内哲也《かきうちてつや》に打たれたソロ本塁打だけである。

とくに清原和博《きよはらかずひろ》との勝負は岩本の気迫がさく裂した。二死一塁で清原に打席が回った。互いに一歩も譲らずフルカウントになった。山下は内角高めまっすぐを要求した。一歩間違えばホームランボールになる。胸元を突きすぎれば死球になる。リスクが大きすぎると岩本はサインに首を振った。それでも山下はサインを変えない。その眼光は鋭く「絶対にここに投げろ」と言っているようだった。岩本がまた首を横に振る。また同じサインが来る。四回目、岩本は腹を据えて山下のサインに従った。

岩本が思い切り腕を振る。内角の高めに速球が行く。瞬間清原の目が光ったが、球の速さに押され、窮屈な振りでバットは空を切った。岩本はその後も西武打線を抑え、プロ初勝利を完投で飾った。

その帰り道、岩本の車の助手席に座った山下は夜空を見つめ、ゆっくりと語った。大阪から単身赴任の山下はいつも岩本と一緒に帰っていたのである。

「お前のこれからは清原のインコースから始まっているぞ」

岩本が怪訝な表情をすると、山下は続けた。

「勝つ投手はあそこに投げなければならない。あの球で今日はガンちゃんを勝たせることができると思った」

その後、清原を三振に取った映像を見ると、無意識にガッツポーズをしていることに岩本は気づいた。あの一球が自分がプロ野球の投手として戦えると思った瞬間だった。

「そのときはイップスのことは頭にまったく無かった。だからイップスの人はそのゾーンまで行ってほしいと思うんですよ。自分は今、何と戦っているのか、自分と戦っているのがイップスですよね。でもそれを超えたときに、本来の自分が戦う相手はバッターだとわかるんです」

この日奪った三振は一一個。本格派投手の本領を見せつける内容だった。

変化を恐れるな

投手コーチの大石は岩本を見て感じた。

「岩本は変化することに従順でしたね。初めは拒んで、やっぱり自分の殻に入ってました。だけど話を聞くようになって自信がつきましたね。マウンド上でもまったくそわそわしなくなりました。四月からネットピッチング始めて、オールスターゲーム後の投球はびっくりするくらい完璧《かんぺき》でした。両サイドにきちんとコントロールされて、こりゃあ凄いわと思いました」

岩本は七月に初勝利を挙げた後、この年に完投三つを含む五勝を記録した。防御率は三・〇七（リーグ八位）で、規定投球回数にも達した。九月二四日にはイチローから三球三振も奪った。決め球は速球だった。全力で挑んで三振を取れた嬉《うれ》しさと、自分も超一流の打者と戦える選手になることができたという自信も芽生えた。大石は言う。

「やはり岩本も変化することで、すごい投手になったということですね。変化なき所に進歩なしというのはすべてに通じます。私はどこへ行っても選手に言うのですよ。イップスも選手の考え方によります。自分の考えから抜け切れず吹っ切れない。そういう人がイップスになる。やはり本人がよっぽど変化させられないとどんどん深みに嵌《はま》るから、指導者はアドバイスをして変化させていくことが大事かもわからんねえ」

翌年の平成八（一九九六）年、岩本は背番号を「三八」から「一八」に変えた。エースナンバーである。以後引退するまで背番号は変わらなかった。この年一〇勝を挙げ、エースへの階段を登っていった。平成一〇（一九九八）年は一一勝を挙げたが、完投数は一〇とリーグトップ。一一年も一三勝を挙げ、完投数は九とまたしてもリーグトップ。勝ち星以上に完投数が多い点にエースとしての働きを見ることができる。この二年には開幕戦完封勝利を連続して記録するなど、パ・リーグでは西鉄ライオンズの稲尾《いなお》和久《かずひさ》以来三七年ぶりの快挙もあった。

年を取るとチームでも立場が上になる。そうなると、気遣いする選手も少なくなって気持ちにもゆとりができる。それも彼のイップスを軽減した理由になった。

それでもイップスがぶり返すのではないかという不安も消えなかった。

「心配がやって来るのですが、その場になると誰にも言えないんです。自問自答しながら今、こうして乗り越え投げてやると思いながら投げたんです」

技術的な対処法として、岩本は速球以外に戦える変化球を投げることができればイップスがあっても何とかなるものだと言う。カウントが有利なときは全力で速球を投げてもいいが、いざというときの変化球を持っていれば、カウントが不利になってもストライクを取りやすくなる。岩本はスプリットとチェンジアップの間の変化球を武器にして乗り切った。

夜間練習に付き合ってくれた荒井は肩を手術して、平成一一（一九九九）年限りで現役を去った。今でも岩本が解説で札幌《さっぽろ》ドームに来たときは親しく話す間柄だ。岩本がイップスを克服したのは彼の人間性もあると述べる。

「イップスになって性格までふさぎ込んじゃったらどうしようもなくなりますね。岩本さんの突き抜けるくらいの明るさと優しさ、気遣い。いろんな人を見てきましたが、そんな人何人もいないですよ。あの性格じゃなければそのままで終わっていたかもしれません。あの明るさがあったから、諦《あきら》めないで頑張れたし、周りの友人、皆のサポートもあったと思います。止まない雨はないと言いますが、やっぱり努力することでイップスもよくなっていくと思います」

岩本は平成一七（二〇〇五）年に引退した。プロ生活一六年。通算成績以上に、輝きのあるスターだった。現在は野球解説者として活躍中だ。野球中継で岩本の流ちょうな話を聞いていると、聞く方も元気になる。そんな稀有《けう》な人間力を持った人である。すでに引退して一五年以上が過ぎた。「僕の頃と時代も変わったからねえ」と言いながら、岩本はイップスの克服方法を述べた。

「明確な答えはないですし、確かに思い出したくない過去の一つではあります。だけどね、やっぱり公言することも大事なんですよ。お前もイップス持ちか、と声かけるときありますね。冗談ですけどね。僕もその痛みは嫌というほどわかりますから、お前言った方がええんじゃ、と言うときありますよ。一番はそれですね。だから同情してくれというのではなくて、こんな症状持ってますから皆さんご理解を！　ということですね。それとかつては厳しい上下関係がありましたが、今は褒めて伸ばすことも増えました。僕は選手を肯定することが大事だと思うんです。それが広がればパフォーマンスの前に萎縮することもなくなります」

岩本は神妙な表情でそこまで話すと、映画の「メジャーリーグ３」の話を紹介してくれた。イップスに罹った捕手が出てくる。ボールを受けても投手に返球ができない。そのときコーチがこうアドバイスする。

「お前、ボール受けたら、ずっとランジェリー雑誌のこと考えろ！　赤いブラジャー、黒いガーターベルト思い出せ！」

捕手がその通りに下着を思い浮かべながら投げたら、見事に返球できたというものである。

「投げることとは別だけど、体が幼少のときから投げる運動を知っているのですよ。これから投げるぞと頭で意識するより、別のことを考えた方が上手く投げられることもあるんです」

どんなときも明るさを失わないこと、人を信じること、そんな岩本の生きる姿勢から、イップスの克服法も見えてくるようだ。

第二章

一塁への送球がスライドしてしまう

土橋勝征（元東京ヤクルトスワローズ内野手）

1968年生まれ。千葉県出身。印旛高校から86年にドラフト2位でヤクルトスワローズ入団。派手さはないが、勝負強いいぶし銀の二塁手として活躍。95年のリーグ優勝時には野村克也監督をして「裏MVPは土橋だ」と言わしめた。2006年に引退。現在はヤクルトの二軍育成チーフコーチ。

陰のMVPを悩ませていたイップス

ヤクルトスワローズ（現東京ヤクルトスワローズ）の平成の黄金期と言えば、やはり野村克也《のむらかつや》が平成二年から監督に就任し、データを重視したID野球を推進し、四度のリーグ優勝、三度の日本一に輝いた平成九年までと言っていいだろう。その中でスポットライトを浴びたのは捕手の古田敦也《ふるたあつや》であり、主力打者の池山隆寛《いけやまたかひろ》、広沢克己《ひろさわかつみ》（現広澤克実）であった。さらにいぶし銀の活躍でチームを支え、彼らに勝るとも劣らない活躍をしたのが、二塁手の土橋勝征《どばしかつゆき》であった。

通算一九年で一四六四試合出場、一一二一安打、打率二割六分六厘、タイトルとは無縁だったが、チームの勝利を決めるここぞという場面で、勝負強い打撃を発揮した。

平成七（一九九五）年の日本一になったときには、土橋は主に三番に定着し、打率二割八分一厘、打点五四、とくにリーグ一位の三二塁打が光った。本職は二塁手だが、試合後半には外野の守備固めもこなし、マルチに活躍するプレーが光った。この年に野村克也は「陰のMVPは土橋だ」と言って憚《はばか》らなかった。

その他にも広島の大野豊《おおのゆたか》、阪神の田村勤《たむらつとむ》からサヨナラ本塁打を打ったことも記憶に残る。バットを短く持ち、グリップエンドにテープを何重にも巻いて、もう一つのグリップエンドを作り快打を飛ばした。玄人筋のファンに支持される選手だった。

走者がいれば確実に次の塁に進める打撃、バントなど小技にも秀で、守備も一級品、追い込まれてもファウルで粘る。バットが当たる寸前でも、打球方向を変えることができたという神業のような逸話もある。野村はこうも語った。

「うちのチームで二死からもっとも打点を期待できる打者」

ところが、そんな土橋がイップスに悩んでいたという。

現在二軍育成チーフコーチの彼は、淡々とそのときの思いを振り返った。

「プロに入ってから発症しましたけど、もともとは高校時代からあったんです」

彼は呟《つぶや》いた。

ボール回しでイップスが発症

土橋がプロ入りしたのは昭和六二（一九八七）年である。千葉県立印旛《いんば》（現印旛明誠《めいせい》）高校のスラッガーとして将来性を高く評価され、ドラフト二位で指名されたのだ。甲子園こそ出場していないが、彼が三年の夏の県予選大会で記録した五本塁打は、現在でも千葉県の一大会最多本塁打になっている。高校通算で三三本塁打。高校ではショートだったが、プロ入り後は同じポジションで池山隆寛がレギュラーを摑《つか》みつつあった。池山は長打力もあり、一〇年以上ショートは大丈夫と言われていた。そのため土橋は入団早々三塁に回ることになった。

ヤクルトが春季キャンプのユマから帰国した直後の出来事だった。キャンプでも土橋の打撃は目を見張るものがあった。もっと経験を積ませたいという首脳陣の考えで、一軍のオープン戦にも使われるようになった。

それはオープン戦の最中だったか、紅白戦のときだったか、はっきりとは思い出せないが、三塁を守っていた土橋がボール回しでショートに投げたときだった。ショートにはプロ一六年目の水谷新太郎《みずたにしんたろう》がいた。かつてはショートの最高守備率を記録したほどの守備の名手で、往年の力は衰えていたが一軍での存在感はまだ抜群だった。

打者が三振となり、捕手から送球を受けた土橋が水谷にボールを回そうとして投げたボールがスライドして暴投になってしまった。この瞬間、水谷はいったい何があったんだと怪訝《けげん》な表情でボールの行方を見た。ボールは転々と外野の芝生を転がった。次々にテンポよく回していく内野手のリズムが崩れた。このボール回しでの暴投は他の選手にも首脳陣にも目立つ光景だった。

「それは自分でも鮮明に覚えています。〝あ〜やっちゃった〟という思いでした。当時は先輩後輩の上下関係も厳しかったから、送球回しなんて短い距離でしたが、もうビビリでいつもどおり投げられなかったのですよ。そこらへんが始まりですよ。それから精神的に追い込まれていったような気がします」

　もともと送球に安定性が欠けていたが、これを機会に送球難に拍車がかかるようになった。二軍ではショートを守ったが、一塁への悪送球が増えた。試合だけでなく、シートノックでも暴投になった。

「二軍のシートノックだと、一塁手の代わりに網のついたケージが置いてあるんですよ。そこに殆《ほとん》ど入らないのですよ。試合でも暴投が多くなりました。送球のエラーが増えてくると、あいつは送球が悪いと皆《みんな》に言われるようになりました」

　コーチがあれやれ、これやれと指導するが、逆に言われることが多すぎて気持ちは落ち着かなかった。

　土橋のイップスの原因は心理的なものではなく、技術的な癖にあった。それは右手首が強すぎるためであった。投げる寸前に右手首を体の内側に直角に曲げて、ここでタメを作り、力を蓄えて投げていた。腕全体を使って投げるのではなく、手首に力を入れすぎて投げるために自《おの》ずとフォームも正しい姿勢から外れてしまう。そこから本来の腕、上半身、下半身の力のバランスを崩し、送球が不安定になった。それがいつしか今度は上手《うま》く投げなければいけないという強迫観念が強まると暴投が多くなり、送球イップスになってしまった。

その兆候は高校からあった

イップスの兆候はすでに高校時代にあった。ショートの土橋は肩の強さを買われて、マウンドにも上がった。そのときだった。投手ゴロを捕って、そのまま一塁に暴投してしまったのだ。牽制《けんせい》も暴投が怖くてできなかった。短い距離を投げるのが自分でも苦手だったと述懐する。

「もう高校生ぐらいからイップスの自覚症状がありました。手首の強さを持て余していた感じでしたね。牽制をなぜしないいんだとよく叱られましたよ。でも、プレートを外して強く投げるとスライドしてしまう」

先発して自分のリズムに乗れば、球速は一四〇キロを軽く超えて、ストライクも簡単に入る。球も重いから高校生にはなかなか打てなかった。だが、乱調のときは手が付けられない。ストライクが殆《ほとん》ど入らず、四球を一〇個以上出して降板するときもあった。球の力はエース級だが、制球が悪いので、大事な試合は他の投手に任せなければならなかった。

「今日はストライクが入るだろうかという精神的な不安はやはりありましたね。昔の高校野球ですから、ダブルヘッダーも練習試合でやるわけです。第一試合で目の覚める投球をすると、その感覚を摑めと第二試合も投げさせられた。すると今度はストライクが入らない。その繰り返しでした」

そのため、土橋はショートのレギュラーとしてチームを牽引した。その頃は一塁へは投げられたが、併殺プレーのとき、二塁に暴投することがよくあった。けれども、当時はイップスという言葉も広まっていなかったので、なぜ上手く投げられないのだろうと思うだけだった。高校生レベルだとエラーも暴投も珍しくないから、自分の癖を必要以上に意識することもなかった。

「僕の場合は動作のメカニックに問題があってイップスになったという感じです。ただプロに入って急にひどくなったのは心理的な部分もあったように思います。高校時代は手首の癖のためだとは気づきませんでした」

プロ一年目では送球は改善されず、一軍では一試合だけの出場にとどまった。シーズンの終盤の一〇月二一日に代打として初めて打席に立ったが、広島の左腕川口和久の前に三振に終わった。もっともイースタン・リーグでは七三試合に出て本塁打四本を打っているから、彼のパンチ力は魅力だった。翌年、昭和六三（一九八八）年の二軍での試合も本塁打五、三年目の平成元（一九八九）年は二軍でブレイクし、本塁打一二、打点四七、打率三割三分五厘、次の年も本塁打八、打率三割一分四厘と打撃のセンスは抜群だった。一軍に行けるかどうかの課題は守備だけだった。

技術的要因だった

イップスでよくあるケースが、緩い球を放ることができないことである。投手であれば、一塁側に緩いゴロが行ったとき、近い距離から一塁手が捕りやすいようにスピードを加減して送球する。意外とこれが苦手な選手は多い。一見簡単な動作に見えても、一塁手の頭上を越える暴投になってしまい、それ以来一塁への送球ができなくなってしまう事例は多い。あまりに緩い球を意識して投げるためにイップスになるケースがある。そうなると投手は一塁に近いゴロだと、捕ったら一塁近くまで走って下からトスするように投げて対処することが多くなる。

土橋の場合は、通常の送球イップスと違っている。緩い球を投げるのが苦手なのではなく、速い球を投げたときに暴投になる。彼はこの症状を「ひっかかる、ボールが行っちゃう」と表現する。

「以前は新人の大物捕手が入団しても、腕が固まって投手にボールが返せない人もいました。昔だったら、投手は自分の胸元に返してこないと捕ってくれない選手もいましたからね。だから精神的な理由でイップスになるケースは多かったと思います。ただ、今は僕のようにまずメカニックに問題があってイップスになることも多いように思います」

ノックを受けても、一塁の網に入らない。コーチも熱心に面倒を見てくれたが、あまりの悪送球の多さに、「何だ、そんなこともできねえのかよ」と笑う人もいた。揶揄《やゆ》というより親心で笑ってくれたのだが、言葉を受けた側としては辛《つら》かった。彼はひたすらコーチに言われたように、一塁に向かって正確に投げる。通常の練習の後、コーチと残って毎日送球練習の繰り返しだった。

「自分は要領が良くないから、すべてのコーチの意見を聞いてしまったのです。同じ送球の指導にしても、コーチによって指導方法も違ってきます。それは自分には関係ないと聞き流せればいいのでしょうが、すべて聞いたことでわけがわからなくなってしまった」

投手コーチからはブルペンで投球練習をやったらよくなるかもしれないと言われ、実際にブルペンに立って捕手に投げたこともある。それでも症状は改善しなかった。

「確かに試合のほうがビビりますから、悪送球はできないという思いが強かったですが、自分の悪い状態は練習でも試合でも同じだったように思います」

イップスが心理的な要因だけで発症するなら、試合では緊張して投げられなくても、練習では上手く投げられる筈《はず》である。だが、土橋のように練習でも試合でも状態がそう変わらない選手もいる。イップスが心理的な要因だけではなく、技術的な要因でも発症することを表している。そこにイップスの複雑さ、不可解な側面がある。

守備コーチとの出会い

苦しむ土橋の面倒をつきっきりで見たのが、当時の二軍守備走塁コーチの井上洋一《いのうえよういち》である。

土橋は「僕が箸《はし》にも棒にもかからないとき、一番エラーしたとき、一生懸命やってくれた人」と井上を評する。

井上は昭和四二（一九六七）年にドラフト外でサンケイアトムズに入団、内野も外野もこなす万能型プレーヤーとして一八年にわたって一軍で活躍した。通算出場試合は一一三〇、打率二割二分七厘で、ロッテでは昭和五五（一九八〇）年に二塁のレギュラーを務めたが、落合博満《おちあいひろみつ》にレギュラーを奪われた。守備の名手としてチームを支えていた名わき役が井上だった。

彼は引退した翌年の昭和六二（一九八七）年から二軍の守備走塁コーチを務めていた。ちょうど土橋の一年目と重なっている。取材時に井上は七〇歳近くなっていたが、土橋の印象を尋ねると、すぐに思い出してくれた。

「土橋がイップスだとは知りませんでした」

当時はイップスという言葉は今ほど頻繁に使われていなかったので、井上もイップスがどういうものか判断しかねていたのだろう。心理的な疾患というイメージもあったのかもしれない。

「確かにイップスは昔から言葉としてありました。昭和五五年ごろには聞いた記憶がありま す。緊張してボールが投げられないということは知っていましたが、投手が多くて、野手はあまりいなかった気がします」

そういう視点で見れば、土橋は深刻な心理的問題がなく、外から見ればいたってふつうだったので、イップスに見えなかったのだろう。

「選手は自分からイップスとは言わなかったなあ。投手はいつも投げているからよくわかりましたけどね」

まだイップスが市民権を得ていなかった時代だった。彼もコーチになったばかりで、そこまではわからなかった。彼はその後六年間コーチを務め、スコアラーに転身するが、その間に多くの症例を見てきた。今、井上はイップスをこう定義する。

「イップスは地肩の強い人が多いんです。肩に頼って投げるから暴投になってしまう。それと自意識過剰ですね。投げられなくないのに、頭に失敗したらどうしようという不安があるから、余計な力が入るんです」

まさに土橋の状態だった。

「土橋は二軍ではショートを守っていました。彼はイップスというより、強い球を投げようとするから、ひっかかって暴投になるんです。ふつうに投げればいいのに、強い球を投げようとしすぎるので力の加減ができないんです。力を抜いて緩い球を投げることができないから、全部ひっかかる」

井上は土橋と同じように「ひっかかる」という言葉を口にした。井上はこのとき三八歳と若く、前年まで現役だったので、体もよく動いた。土橋のスローイングを直すために、通常の全体練習の後に、居残りをして二人で特訓した。当時のヤクルトの二軍の体制は監督が根来広光《ねごろひろみつ》、投手コーチが松岡弘《まつおかひろむ》、打撃が福富邦夫《ふくとみくにお》、守備走塁が井上洋一、トレーニングコーチに内田幸二《うちだこうじ》がいた。野手のプレーに関しては実質三人で、井上は内野も外野も守備を見て、走塁も担当しなければならなかった。

人数がいないから、投手コーチの松岡も打撃捕手を務めていた。井上も内野、外野ノックで一日一〇〇〇本以上の数をこなし、一日が終わると腕が腫《は》れて、炎症で震えた。弁当も座って食べる時間がないから、グラウンドで立って済ませた。

「土橋との居残りは、練習が終わって特守の形でやるから、本人も疲れているわけです。こっちも朝からずっと教えているから疲れる。その中で、土橋を残して一時間近くノックしました。お互い思うようにいかず嫌気がさすこともありますから、ときにぶつかるわけですね」

今思えば面白かったが、正直きつかったというのが井上の感想である。

土橋は、自分の性格についてこう分析した。

「几帳面《きちょうめん》かもしれませんね。できる、できないにかかわらず几帳面です。何でも気になります。完璧《かんぺき》主義は理想としてはありますね。一回の暴投が不安材料となってイップスになったのはそのためかもしれない」

のちに監督となった野村は彼を評して「哲学者」と語った。人前で話すのは苦手だからと、ヒーローインタビューを拒否し、黙々と休日返上で努力する姿に孤高の職人の姿を見たのだろう。

「土橋は入団したときから体が強かったですね。怪我をしませんでした。万一怪我をしても、泣き言を言わず黙々とやる選手でした。口数が少ないから、何を考えているのかわからないですが、じつはよく考えていて、やることはやる。真面目なんです。後は、いかに臨機応変にできるかですね。状況に応じた力を出していけるかだと考えました」

その点は、井上も野村と同じ見方だった。

居残りノックの果てに

夕方誰もいないグラウンドで土橋はショートを守り、井上がノックする。一塁には人がいるときもあるが、多くは網付きのケージだった。

井上の傍にはボールで一杯になった箱が二つ置かれた。一つの箱に二五〇個のボールがある。二箱合わせて五〇〇個である。これをすべて打つ。ボールを手渡ししてくれる人もいないから、自分で摑んで打っていく。送球の指導も打ちながらやらなければならない。他のコーチにノックしてもらい、自分は土橋の傍で見てやることができない。

ホームベース付近から、ノックのたびに忠告するから、疲れて頭が朦朧《もうろう》とした。

井上のノックの方針は力を入れて打つことだった。バウンド数を決めて打つのも好きではなかった。そういう緩い打球は試合では飛んでこない。できるだけ強い球を打ちたい。それは実戦に近い打球になるからだ。

外野にノックするときもハーフライナーを打った。しかしそれだけの球を打つには、彼自身も力を入れなければいけない。

「打ってる方も朝からやってるから、もうボールは見たくないです。やりたくもない。今まで現役時代に練習しなかったツケを全部払わされた気がする」

そう彼は苦笑し、こう呟いた。

「毎日夜が明けるとき、練習に行くのが嫌だったなあ」

教える方も辛かった。二軍コーチは寮に泊まる日もある。そのときは夜間練習場でひたすらネットめがけて送球をさせた。

井上の打つ痛烈な球を土橋は確実に捕った。

「彼には素質があった」

井上が言うように、土橋は感情を顔に出すことなく平然と処理していく。問題は送球だった。早い送球が途中から大きくスライドして、左に曲がる。ネットに当たらずに、ファウルグラウンドを転々とする。肩が強いだけにスライドも大きかった。

「もっと力を抜いて投げるんだ」

だが、土橋も頭ではわかっていても、体が反応しない。つい全力で送球してしまう。

井上は言う。

「本人はいい球を投げようという意識が強すぎるんだ。肩もあるから自信があったのでしょう。だからより完璧なものを求めようとする。確かにプレーでは際どい瞬間に完璧さを求められるときがあります。だけどそうじゃないときも多いのです。そのときはふつうに投げればいいのです。常にベストを尽くすから力の加減がわからない」

一か月やっても成果は出ない。やはり長年染みついた癖は容易には取れない。

真夏のグラウンドで練習しているときだった。人工芝の上は、実際の気温よりも高く四〇度はあった。互いに猛烈な暑さで疲れ、苛立《いらだ》ってもいた。

ノックの最中にいつものように「力を抜け」と井上が怒鳴ったら、土橋は持ったボールをそのまま地面にゆっくり落とした。ボールがその場で小さくバウンドしてやがて静止した。

「力を抜きました。力を抜いたら投げることはできません」

井上は頭に血が上り、血相を変えてショートまでやって来た。

土橋の口数は少ないが、内に秘めた闘争心は並々ならぬほど強い。負けず嫌いであることもよく知っている。このとき井上は手が出そうになった。自分のこめかみが怒りで小刻みに震えていた。殴りたい衝動を抑えるため、右手はズボンの後ろポケットに入れて、もう一方の手はベルトを握りしめた。

井上はあえて「土橋君」と、普段は呼び捨てだが、君づけで呼んだ。

「土橋君ね、君に言っていることはそういうことではないのですよ。力を抜くということは、必要以上に力を入れてはいけないということなのですよ」

二人の感情のぶつかり合いは、結果としていい方向に進んだ。胸の内をさらさなかった土橋の心が徐々に氷解してきたのである。

肘を内側に押し込む

やがて井上が土橋の投げ方を見ていると、肘《ひじ》を上手く使っていないことがわかった。送球というのは、相手が受けやすいように投げるのが基本である。そのため、右利きだとシュート回転のほうが受け手のグラブを持つほうに回転して送球されるので捕球しやすい。そのようにするには肘を外に向けて手首で上手に力を送り込まないといけない。指の使い方も大事になってくる。

「ツーシームに近い投げ方です」

井上は言う。そこからさらに一歩進んだ練習が始まった。ボールを転がす。土橋が五メートル先のネットに投げる。肘の使い方と力の抜き加減をより意識させるために、距離を短くしたのだ。

「肘から手首、肘から手首」

それでも土橋は完璧であろうとする。そのたびに井上は忠告する。

「いい球投げるより、肘を意識しろ。捕ったら肘、手首だ」

肘と手首だけに意識を持っていかせれば、余計な意識を忘れてしまうと井上は信じた。この練習を一時間毎日繰り返す。

井上は言う。

「こんなことを毎日やったら俺は馬鹿じゃなかろうかと思うじゃないですか。全力で投げないで、ただ五メートル先のネットに投げるだけですから。嫌にもなると思いますよ」

同時に井上は考えた。いくら理論を教えても、選手は納得しない。土橋は完璧主義者でもあるから、その分理想も高い。それは自負心の裏返しでもある。それをどうやわらかくするか。井上は口で言うだけでなく、自分もボールを捕って何度も投げて見せた。

水泳の選手にいくら畳の上で泳ぎ方を教えても、プールに入ったら溺《おぼ》れてしまう。それと同じで話でわからせても、体に覚え込ませなければ効果はない。

「本人がやる気になって、教えることを自覚させるのは口ではないですもの。プライドを砕くには、自分の姿で見せるしかないと思いました」

だが土橋も頑《かたく》なだった。

「いや体では覚えません。頭で覚えます」

ある日の夜間練習だった。室内には井上と土橋の二人しかいなかった。井上が投げると、ボールはきれいに網の中に入っていく。幾度も目の前でやって見せる。それを土橋が無言で見ている。何十球も投げて一息ついて、井上は土橋の真剣な顔を見た。もう本音でぶつかるしかないと心を決めた。

「俺さえできるんだもの、お前ができないわけないじゃないか」

「俺さえってどういうことですか」

「俺の姿をお前はいつも見ているだろう」

「はい」

「俺はな、毎日毎日ノックして汗だらけで泥まみれになってさ。こうやって夜もやっている。

こんなコーチにお前はなりたいか。お前はこんな成績だったら、俺以下のコーチにしかなれないぞ。それでいいのか」

井上の睨《にら》みつけるような視線に、土橋も強い意志のこもった眼で見返した。

「僕はそんなふうにはなりたくありません。そこまでのコーチにはなりたくありません」

このとき土橋は自分に心を開いてくれたのではなかったか、と井上は回想する。

「まあそう言われたときはショックではありましたけどね。実際そこまでのコーチでしかないんだけどね」

彼は苦笑した。この日を境に、土橋は自分の言うことを聞いてくれるようになった。ただ練習ではできるようになっても、二軍の試合では暴投になってしまう。また、練習では同じことの繰り返しになった。

井上はさらに提案した。

「ボールを投げるときに自分の投げる腕から一塁手のミットまで線を引くんだ。ここに糸のようにピンと張った線がある。その線にボールを送り込め。その線の延長線上にボールを持った指先を送り込め。その一点に集中するんだ」

ただ線に沿って投げることで、すべてを忘れ、意識は線に沿って投げることだけに集中する。徐々に土橋の送球が安定してきた。課題は試合でそれができるかという点である。

「やはり失敗は許されないというのが彼の頭にあるわけです。だから僕が言ったのは、失敗しても命は取られないということですね」

土橋は、二年目の昭和六三（一九八八）年では一軍に上がることなく二軍で過ごした。三年目の平成元（一九八九）年はイースタン・リーグのベストナインに選ばれ、将来性ある選手が選ばれるビッグホープ賞も受賞した。二軍での活躍を見込まれ、九月には一軍に昇格した。九月一一日の中日戦で山本昌広《やまもとまさひろ》（現山本昌《まさ》）からライト前にプロ初ヒットを打った。三日後の一四日の広島戦では八番三塁で先発出場した。この年、彼は三塁とショートを守った。試合数は九と少ないが、記録された失策は一で、暴投も減り、徐々によくなった。

この頃の思い出を土橋は語る。

「まだスローイングも十分よくなったとは言えませんでした。打つのは二軍でも実績残していましたから、一軍に上がったわけです。代打じゃ結果が出せないからスタメンで使ってくれと二軍の首脳陣が上に言ってくれたみたいです。だけど守りのほうは生きた心地がしませんでしたよ。投げるのも捕るのも不安でビビッて仕方なかったです」

井上はそんな土橋に助言した。

「人はそれほど見てないよ。球場の三万人の観客が自分のプレーを見ていると思うから緊張するんだよ。だから失敗しちゃいけないと思って、自分を縛ってしまうんだ。いいか、観衆にはビール飲んでいる者もいれば、しゃべっている者もいる。プレーを細かく見ているのはそんなにいないんだ」

土橋も自身ではこう述べている。

「要は気にしいなんですよ。いろんな人の目が気になるからちゃんとやんなきゃと強く思ってしまう」

井上は彼の性格を見抜いて助言したのだった。

土橋はシーズン後半の一軍の試合をこなして来季に希望を繋《つな》げた。井上は言う。

「イップスは八割方は気持ちだと思いますね。自己顕示欲が強いと、人はできるのに、自分はなぜできないんだと思い込みます。軽い気持ちになれないのですね」

土橋はある程度よくなるまでに半年はかかったかな、と井上は呟いた。

「それでも一年半くらいは自分で試行錯誤して、ああでもない、こうでもないと考えながら、自分なりに送球の技術を摑んでいったと思います」

平成二（一九九〇）年には、監督が関根潤三《せきねじゅんぞう》から野村克也に代わった。一軍での試合数は一三だったが失策は一で、ショートで併殺も二度決めた。

土橋は二軍で送球を直す過程を振り返る。

「いろんな練習が蓄積されましたね。その一つにシュート気味に投げろと指導されたこともありました。要はスライダーのように指がひっかかるわけですから、肘を上手く使えばシュートするので、ちょうどいい具合に行くのではないかということですね。そんな試行錯誤の中で自分でもこう投げたら上手く行くぞという感じを摑んでいったと思います」

この年のオフ、ヤクルトは宮崎県西都市《さいと》で秋季キャンプを行ったが、そのとき彼に付き添って練習を見てくれたのが一軍守備コーチの船田《ふなだ》和英《かずひで》だった。

船田は昭和三七（一九六二）年に巨人に入団し、その後西鉄ライオンズを経て、昭和四七（一九七二）年にヤクルトに移籍した。昭和五一（一九七六）年に打率三割二厘を打ってカムバック賞に輝いた。シャープな打撃だけでなく、好守で三塁を主に守り、守備に厳しい広岡《ひろおか》達朗《たつろう》監督も船田に対しては一言も苦言を呈することはなかった。酒も煙草もマージャンもやらない真面目人間で、お寺で二週間の坐禅《ざぜん》を組んだり、四〇キロ以上寝ないで歩くという精神修養を自らに課したこともある。昭和三〇年代（一九五五〜六四）後半に放送されたアメリカのテレビ番組に「ライフルマン」があった。主演のチャック・コナーズに船田が瓜二つ《うりふた》だったので、「ライフルマン」のニックネームで呼ばれて親しまれていた。

船田は昭和五五（一九八〇）年に現役引退したが、翌年からコーチに就任していた。まだ二軍にいた土橋にとっては、船田は雲の上の存在である。ところが一軍コーチの立場でありながら、船田は土橋のイップス克服に取り組んでくれた。土橋は回顧する。

「船田さんは一軍担当でしたから、それほど接触は無かったのですが、秋季キャンプの夜間練習で必ずスローイングの練習に付き添ってくださったんです。ふつう夜間は打撃練習中心ですが、その後に個人的に納得するまでやってくださった。凄《すご》く印象に残っています」

土橋は、船田が黙々と何度も転がすボールを捕ってネットに投げた。船田自身も一八一センチありながら七二キロしかない、痩《や》せ型の体型である。一軍の全体練習の後にさらに居残りで打撃練習を見て、さらに土橋に付き添う。体力的に辛かった筈だが、微塵《みじん》もそんな素振りは見せなかった。

ところがキャンプの最終日に船田は突然激しい頭痛を訴えた。すぐさま宮崎市内の病院に入院した。このとき肺がんが脳に転移していたのである。すぐに手術が行われ、東京の病院に移り療養を続けた。

あまりにも急な出来事であった。

外野へコンバート

平成三（一九九一）年のシーズン中だった。土橋はこの年も二軍にいたが、突然の転機が訪れた。このときチームには、右の打てる外野手が不足していた。野村監督就任一年目は五位。まだまだ戦力も十分では無かった。野村再生工場と異名を持つ指揮官は二軍で埋もれている選手を埼玉県戸田《とだ》のグラウンドに見に来たのである。金をかけて他球団からトレードで獲得できるチームではない。ヤクルトは人を育てることを大事にするチームである。

このとき、野村のお目当ての選手は土橋ではなかった。二軍の試合を監督が見に来るという情報はすでに選手にも伝わっていたが、あくまでも外野手である。内野手の土橋には関係がない筈だった。

「俺、関係ねえやと思ってました。俺を見に来たというのだったら、緊張して力を発揮できなかったと思います」

ところが、土橋はそこで長打を含めて三安打の猛打賞を記録する。その思い切りのいいスイングと打球の速さは瞬時に野村の目に留まった。

「あいつ打つじゃないか。外野やったことはないのか。じゃあやらせればええ」

そう二軍の首脳陣に語った。もともと人を発掘することにかけては具眼の士である野村のことである。

「たまたまですよ。運もあったのですよ」

土橋は謙遜《けんそん》するが、監督からの要請で急きょ外野にコンバートされることになった。これまでやった内野を捨てて外野に行くことに抵抗や不安はなかったのか。彼の言葉はあっさりとしたものだった。

「監督に右の外野手がいないから外野へ行ってくれないかと頼まれましたから、そりゃ喜んでやりますと言いましたね。試合に出してもらえるのですからね」

野村は、土橋がイップスだということは全く知らなかった。彼の打撃を買ったのである。彼のコンバートはイップスによくあるように、内野手として駄目だから外野に移るという形ではなかった。

「お前内野できないから外野やっとけよと言われたら、また違う展開になったと思います」

コンバートも野村は軽い口調で命じた。守備にしてもノックなんか受けないで、打撃練習の打球を外野で捕っていれば大丈夫だよと言っただけだった。

驚異の左投手キラー

この年、平成三（一九九一）年は三九試合に出場した。三塁、二塁、一塁も守ったが、多くは外野としての出場だった。生まれてこの方外野を守ったことがない土橋は、短い距離の送球は苦手だったが、遠投は大丈夫だった。レフトもライトも守ったが、送球にも守備にも苦労することはそれほど無かった。守備範囲の広さ、捕球してからの処理の速さ、ライン際の打球の追い方、すべてにショートで経験したことが生きた。

「やはり生まれながらに外野をやっている選手より、ショートを経験した選手の方が上手いと思います。つまりショートを経験すれば、外野に限らずどこでも守れるということです。今は人工芝だから外野への球足も速いです。昔は膝《ひざ》をついて捕球しましたが、そんな余裕はありません。左中間への打球もショート経験者だとすばしっこいから追いつくことができるんです。いくら球足が速いと言っても、内野ゴロよりは遅いですから追いつけるんですね」

土橋はライトも守ったが、ライト線を抜ける当たりにも追いつき、グラブを差し出すとき、体は左側に回りながら捕っても、その反動で体の回転を利用した速い球を投げて、二塁でアウトにすることができた。送球も同じだった。彼の苦手な力を抜いて投げる場面が殆ど無かった。内野のようにすぐ近くの野手に投げることもなかった。カットマンに投げるにしても、ある程度の距離があるから思い切って投げることができた。

「あまり距離ないなと思ったら、ワンバウンドで投げてもよかったから、楽でした。肩の力はあったから、バウンドしても強い球で返球できたんです」

守備に不安がなくなると、得意の打撃もさらに磨かれた。

土橋はコンバート一年目に三本塁打を打った。

平成四（一九九二）年は一軍で活躍する年になったが、まだシーズン前半の五月二八日に船田の訃報《ふほう》を知った。球団の初優勝に貢献し、スタープレーヤーだった船田は、病気の後はコーチからスカウトに肩書きが変わって球団に在籍していた。治療しながらスカウトの仕事もやっていたが、病には勝てず五〇歳の若さで亡くなった。四月には同じく初優勝時に四番を打ち、本塁打王、打点王などのタイトルに輝く大杉勝男《おおすぎかつお》も四七歳の若さで亡くなっていた。二か月続く、かつてのスター選手の訃報だった。野村監督も、「自分と一緒に優勝を目指してきたコーチなのに、まだ年も若いのに、それにしても残念だ」と表情を硬くした。広沢、池山ら主力選手は、船田が亡くなる前の月に見舞いに行き、病状を知り、覚悟はしていたが、やはり亡くなったときは悲しみを隠そうとはしなかった。

二九日の通夜は練習終了後、一、二軍全員で参列した。

土橋は唇を嚙《か》みしめるように語った。

「船田さんは秋季キャンプが終わった後に倒れられて、亡くなられた。あれだけ自分のためにやってくださったのにという思いがあるんです。本当に急だったので忘れられません」

船田は土橋の活躍を見ることなく世を去った。

土橋はこの年一気に開花した。

ヤクルトは阪神、巨人と終盤まで熾烈《しれつ》な首位争いを展開したが、二位巨人に二ゲーム差をつけてリーグ優勝した。このとき土橋は五九試合に出場し、本塁打六、打率二割八分七厘を記録した。守ったのは外野が四七試合、二塁が六試合である。日本シリーズではレフトの守備固めで四試合出場したが、翌年の平成五（一九九三）年から一軍の主力として台頭していく。

とくに彼を印象づけたのが、八月二二日の阪神戦でのサヨナラ本塁打だった。四対五で迎えた九回裏一死にまず八重樫《やえがし》幸雄《ゆきお》が同点本塁打を打つと、続く土橋に打席が回って来た。

マウンドには守護神の左腕田村勤がいたが、二ボール一ストライクの四球目の速球を狙いすましたように土橋は振りぬくと、打球は打った瞬間に本塁打とわかる当たりで神宮球場レフト席中段に消えた。派手な行動をしない彼が思わず右拳《みぎこぶし》を突き上げた。球場は「ドバシ」コールで一杯になり、三塁ベースを回るときは阪神ファンが悔しさでメガホンを放り投げた。その中を彼は笑みを浮かべてホームインした。

土橋にとって初めてのサヨナラ本塁打だった。この年はヤクルトが初めて日本一になったが、土橋は主に試合の後半にライトを守ることが多かった。

「勝負強いスラッガー」土橋の中でもっとも印象に残っているのが、平成六（一九九四）年の広島大野豊との対決である。当初は、代打で出ても大野の独特の体をくねらせる投法にタイミングがまったく合わなかった。いつしか二ストライクに追い込まれ、最後は大きく曲がるスライダーを振らされて三振に切って取られた。ファウルすら打てない。大野を打たなければプロではやっていけない。右打者の使命として、この壁を乗り越えるのが彼の目標になった。一年後、ようやくファウルが打てるようになった。振り遅れの詰まった当たりだったが、やがて一塁手の頭上を越えるヒットを打てるようになった。

六月一〇日の広島戦は九回裏を迎えたところで、二対三とヤクルトは負けていた。広島のマウンドには必勝を期して守護神の大野が上がる。無死走者一塁で土橋が打席に立つ。これまでさんざん苦しめられた相手である。このときバントのサインは出ていない。通常は同点を狙ってバントである。だが野村克也は土橋の勝負強さに賭《か》けた。毎日、室内練習場で一人残って特打しているのを見ていたのである。

「土橋と心中するつもりだった」

後にそう語っている。打撃コーチの伊勢《いせ》孝夫《たかお》も「相手が大野だし、九九・九九パーセント諦《あきら》めていた」と述べている。ところが土橋は大野のタイミングに崩されることもなかった。大野の速球を叩《たた》くと、バットの芯《しん》で捉《とら》えた打球は鋭いライナーでレフトに飛んだ。低い弾道だったので、二塁打だと思って一塁に懸命に走った。一塁を回ったところで観衆が大きく沸いた。打球は一気に上昇し、レフトスタンドに突き刺さったのだ。逆転サヨナラツーランだった。この試合では珍しく二年ぶりに二塁を守ったが、無事にこなすことができた。

「やっぱり打撃に関しては大野さんから本塁打を打ったことが大きいですね。ずいぶん鍛えられましたから。これまで代打で行ってもバットも振れない。タイミングも全く合わない。試合が終わって帰って素振りしましたが、何で打てないのだろうと考えてました。速いし、キレもありましたから、とにかく凄かったです」

土橋はお立ち台が嫌いだった。皆の前で話すのが苦手なのである。彼はライト席の前でファンにジャンプして見せたのが精一杯の表現だった。

「二人でしゃべるのはいいのですが、人前じゃ駄目なんです」

土橋は苦笑する。

この年は一二本塁打。長打力も彼の持ち味となっていた。中日の左腕のエース山本昌も彼のバットコントロールに苦しめられた。

「顔を見るのも嫌だ」

そう嘆いたという。そして土橋に再びコンバートの機会が巡って来た。

ヤクルト優勝の陰のMVP

土橋は二軍でも内野はひと通り守っていたが、この頃のヤクルトは二塁手に人材が不足していた。平成三（一九九一）年にはジョニー・レイが守ったが、打撃はよくても肩が弱くエラーも多かった。そのため、翌年シーズン途中で解雇し、ジョニー・パリデスを獲得したが、これも守備面の不安は拭《ぬぐ》えなかった。平成五（一九九三）年にはレックス・ハドラーを入団させるが、打撃は合格点でも開幕からエラーを連発。緻密《ちみつ》な機動力野球を行う野村克也の目には適《かな》わなかった。日本人選手を起用するも力不足は否めない。

「外野に行って自分の成績も出るようになりました。外国人選手があまりにも肩が弱いので、途中から二塁を守りました。もう突然でした。二塁手用のグラブも持っていなかったのですが、とにかく試合に出たら、そこで打てたんです。それから二塁で出て、試合が勝っていたら守備固めで外野に行くようになったのです」

あれほど悩まされたイップスに対して不安は無かったのか。しかも、彼の本職はショートである。慣れない守備位置で再発を恐れなかったのだろうか。このとき土橋は二五歳。まだ若いと言われる年齢である。先輩の選手もいたが、臆《おく》することはなくなっていた。

「このときは心の問題が大きかったと思います。つまり自信がついた、ということです。もう一軍でホームランも打って、結構出ていましたからね。チーム内での立場も上がったわけですから、安心感があったんです」

ボール回しにしても、ショートには三年先輩の池山隆寛がスター選手でいたが、日ごろから可愛がってもらっていたので、一塁から二塁、二塁からショートへと回すときも緊張することはなかった。

平成七（一九九五）年には当初から二塁で臨むことになった。この年、ヤクルトは前年の覇者巨人から日本一の座を奪還する。その栄光に土橋の働きがあったことは本章冒頭に記したとおりである。シーズン序盤の四月二六日の横浜戦で、〇対〇であわや斎藤隆《さいとうたかし》にノーヒット・ノーランを喫しそうな中、土橋は八回裏にレフトポール直撃の高々と上がる本塁打を打って勝負を決めた。二対〇の薄氷を踏むような中で、勝利に導いたのは土橋の驚異的なしぶとさだった。それは、ヤクルトの日本一へ向けて大きく一歩を踏み出す一打であった。

守備の面でも、従来のショートと違い送球に苦労は少なかったという。ショートのとき、併殺を取るにはすぐに二塁に送球するが、体を開き気味に投げるので、スライドしてしまう。しかし二塁だと捕球して、すぐに右反転して背中を見せるようにベースカバーに入ったショートへ投げる。すると背中、左肩が壁になって体が開かないから、手首に力を入れても、スライドせずに上手く送球できた。

「楽な体勢のほうがイップスは起こりやすいのでしょうねえ」

土橋は語った。そのことは以後の選手生活でも実感した。イップスは消えるというより、残って引きずるものだ。姿を隠すと言っていいかもしれない。もう大丈夫だとプレーに自信を持ったとき、それは忽《たちま》ち姿を現す。

「技術的なことでちょっと手を抜くじゃないですか。例えば気も抜けて軽くプレーしたりすると、〝あ、やっちゃった〟と悪送球が出るのですよ。もともとイップスを持っているわけだから、しっかり捕って、足腰を使って確実に投げれば何てことはないのに、楽をしようとすると出てしまう。だからいつもしっかりやらないと」

平成九（一九九七）年にヤクルトが二年ぶりに日本一になったときは、二塁七四試合、三塁六試合、ショート三七試合、外野一七試合を守るという万能ぶりであった。ショートの宮《みや》本慎也《もとしんや》が負傷すれば、代役を務め、一試合で内野と外野の往復も珍しくなかった。七月には練習中に左膝の半月板損傷という重傷を負ったが、テーピングをして試合に出ようとした。周囲の説得で手術に踏み切ったが、八月半ばには戦列に復帰した。まだ怪我も癒《い》えていない中、九月三日に二位で追いすがる横浜に引導を渡す決勝タイムリーを打った。打率も三割一厘、二二本の二塁打と打点六一は勝負強さの証明だった。

野村監督も「ウチでプロ意識の高い選手は辻《つじ》（発彦《はつひこ》）、そして土橋や。若手のいい見本になっとるよ」と目を細めた。

大魔神・佐々木から本塁打

ベテランになっても勝負強さは相変わらずだった。横浜の佐々木《ささき》主浩《かづひろ》にはとくに強く、平成一六（二〇〇四）年八月八日には、九回に四球続けて投げられたフォークに食い下がり、レフト席に運んでいる。翌年四月二一日には、佐々木から再びフォークをレフトに弾《はじ》き返しサヨナラ打を打った。

「大魔神から打ったのはたまたまですよ。コースを読んでなかったけど、たまたま拾えたのですよ」

口数は少ない。

土橋は平成一八（二〇〇六）年、世代交代の波もあって引退を決意した。ヤクルト一筋二〇年間の現役生活だった。その後は一軍、二軍の打撃、守備コーチを歴任し、フロントも経験後、平成二九（二〇一七）年の秋から再び一軍内野守備走塁コーチに復帰したのち、現在は二軍育成チーフを務めている。

土橋のイップスの経験はコーチとして生きたのか。そう尋ねると、彼はしばらく考えるように一点を凝視した。

「僕がコーチやっているときイップスの選手はいましたけど、メンタル、技術どちらで治すのでしょうか。答えはないですね。俺はこうやったけど、こうしてごらんと言っても上手く行ったケースは少なかったですね。人に言われてそれで克服できるなら簡単ですよね。僕もコーチとして引き出しは増えましたよ。でも、そんな自分の引き出しを開けてもあてはまらないのがイップスなんです。最終的には自分で克服するものだと思います」

それに自分は克服したとは思っていない、とも語った。

「精神的な原因なら、自分に自信を持つしかないというのはありますよね。技術的な原因なら早めに直したほうがいい」

やはり不治の症状なのだろうか。土橋の表情は変わらなかった。イップスの現実の厳しさを知らされた瞬間だった。そんな私の思いつめた顔に気づいたのか、黙っていた彼の口がようやく開いた。

「ただ、僕はイップスになって変わったことがありましてねえ」

私は彼の顔を見つめた。彼は顔を上げて、当時を思い出すようにゆっくりと話し始めた。

「自分は暴投をよくして相手に迷惑をかけました。ワンバウンドで一塁に投げたこともありました。とんでもない暴投はどうしようもないですが、相手は難しいバウンドでも捕れる範囲に来たなら何とか捕ってくれました。それってすごく投げたほうは助かるんですよね」

心なしか、声に力がこもっているように感じられた。何を言おうとしているのか好奇心が頭をもたげた。そのとき、彼ははっきりと告げた。

「その逆の発想はとても強くなった」

土橋の目が光った。

どんな送球でも捕ってやる！

土橋が二塁に定着しているとき、三塁を大野雄次《ゆうじ》という選手が守ることがあった。打撃にはパンチ力があって、代打逆転満塁本塁打を二本打ったシーズンもある。しかし、守備が下手なので野村はあまり起用しなかった。だがチーム事情から大野が三塁を守る試合もある。走者一塁で三塁ゴロが行けば、併殺プレーで大野から土橋に送球されるが、いいボールは来なかった。けれども、土橋は絶対にどんな球でも捕って併殺を成功させようとした。

「そういう気持ちがすごく強かったですよ。自分中心の目線からチームプレーに幅が広がったんです」

それは他の選手に対しても同じだった。併殺プレーのとき、投手からワンバウンドの送球が来るときがある。ショートから送られることもある。いつもいい送球ばかりとは限らない。飛び上がったり、横に動いたりして捕球しなければならない球もある。捕手からの送球もショートバウンド、コースが外れるときもある。だが、土橋はそのときも表情を変えることなく平然と捕って、併殺を成功させた。もし相手に尋ねるときは冷静に「何かあった？　大丈夫？」と聞くようにした。

「よくいるじゃないですか。変な送球をすれば怒ったり、嫌な表情をしたりする選手が。またこんな球投げてという態度をとる人もいる。僕はそれをやられて本当に嫌だったから、自分に来た球には絶対にそんな態度はとらなかった。相手も傷つきませんからね。そういう気持ちにはなれましたよ」

土橋が一軍でスターになったとき、彼のイップス克服に付き合った井上は、球団の先乗りスコアラーとなっていた。チームに同行していないので、目の前で彼の活躍を見ていない。コーチ時代も彼の送球が安定しだしたときには、もう別の選手につきっきりで教えていた。コーチの仕事とはそういうものだろう。

「土橋を育てたなんておこがましいですよ。彼が成長するときに縁があったというだけです。彼が伸びるものを持っていただけです」

夜間練習に遅くまで付き合ってくれた船田はこの世にいない。船田は天国から土橋の活躍を見つめていたに違いない。

土橋はそこまで話すと、もう一度言った。

「絶対にどんな球も捕ってやる。そういう気持ちにはなりましたよ。すごく大きな気持ちになったというか。それまではあんまりなかった発想でした」

野球の原点であるチームプレーを土橋の中に立ち戻らせてくれたのは、イップスの経験だった。

第三章

ボールが指にひっかかる

森本稀哲（元北海道日本ハムファイターズ外野手）

1981年生まれ。東京都出身。帝京高校から99年にドラフト4位で日本ハムファイターズに入団。外野手として新庄剛志とのコンビで人気者に。2011年に横浜ベイスターズへ移籍。14年に埼玉西武ライオンズへテスト入団。ベストナイン1回、ゴールデン・グラブ賞3回受賞。15年に引退。現在は野球解説者。

バランスに秀でた選手を襲ったイップス

走攻守に秀でた元北海道日本ハムファイターズの森本稀哲《もりもとひちょり》で思い出すのは、平成一八（二〇〇六）年一〇月一二日のソフトバンクとのプレーオフ第二戦での走塁である。この年の公式戦はファイターズが一位通過したが、プレーオフ第二ステージでソフトバンクと対戦することになった。

第一戦はファイターズがダルビッシュ有《ゆう》の完投で勝った。ここでアドバンテージ一勝を加えて、日本シリーズ進出に王手をかけた。

その第二戦は球史に残る名勝負となった。ファイターズはこの年一二勝を挙げて新人王となった左腕の八木智哉《やぎともや》が先発した。ソフトバンクは、一八勝五敗で、最多勝、最優秀防御率、沢村賞などのタイトルを独占した斉藤和巳《さいとうかずみ》である。両者譲らず、スコアボードには〇が並ぶ。稀《まれ》にみる緊迫した投手戦となった。〇対〇の九回裏にドラマは待っていた。ファイターズは一番でこの回の先頭打者の森本が四球を選び、二番田中賢介《たなかけんすけ》がバントで二塁へ送る。ここで長打のある三番小笠原道大《おがさわらみちひろ》は敬遠され、一死一、二塁。四番フェルナンド・セギノールは斉藤のフォークボールで空振りの三振に取られた。

ここで、打席にはヒットメーカーの稲葉篤紀《いなばあつのり》が立つ。その二球目を稲葉はセンターに弾《はじ》き返す。これに二塁手の仲澤忠厚《なかざわただあつ》が逆シングルで追い付いた。好捕である。すぐに二塁にトスするも、送球がずれてベースカバーに入った川崎宗則《かわさきむねのり》が体勢を崩した。その一瞬の間に二塁走者の森本は三塁ベースを蹴って本塁に駆け込んでいた。川崎からすぐさま本塁へ送球されたが、タッチも間に合わない速さで森本は悠々とサヨナラ勝ちのホームベースを踏んでいた。この勝負勘とベースランニングの速さ。まさに、足の野球を体現する選手の登場だった。

このとき、ファイターズの二五年ぶりのリーグ優勝と日本シリーズ進出が決まった。わずかな隙を突き、俊足を生かす森本という選手が脳裏に刻まれた瞬間だった。ファイターズは日本シリーズでも中日を四勝一敗で下して、四四年ぶりの日本一になった。

森本はこの年から一番レフトに定着し、初めて規定打席に達した。一四八安打を放ち、打率二割八分五厘をマークした。この年から三年続けてゴールデン・グラブ賞を受賞、最多得点を二年続けて記録し、平成一九（二〇〇七）年にはベストナインにも選ばれた。ファイターズがリーグ二連覇したときの代表的な一番打者である。

森本の魅力はやはりバランスの良さである。二割七分から三割までを平均的に打てるアベレージヒッターでありながら、安打数、犠打、得点の多さという、リードオフマンとしての重責を果たした。同時に俊足を生かした外野の守備範囲の広さ、強肩に持ち味がある。平成二二（二〇一〇）年のリーグ一の捕殺の数は守備の名手であることを示すものだ。

その森本も、じつはイップスに悩まされた過去があった。

指にかかって強く投げられない

イップス経験者の話を聞いていると、その多くがプロに入って突発的に発症したのではなく、すでに高校、中学時代からその兆しが見えていたという共通点がある。イップスを発症させる、心理的要因でなく技術的な問題点があることが暗示されている。森本はすでに小学生からイップスらしきものを感じていたのだという。

森本は小学四年生から野球を始めたが、投げるときに指先がひっかかるなという感覚があった。中学で軟式野球部に入ったが、野球の強い中学だった。彼はショートを守り、ときに投手も務めた。ノックを受けると、彼の送球だけがとても緩い。

「僕だけがボールに指がかからなかったのですよ。いやかけれなかった、という方が正しいかもしれない。何でかと言うと、ぐっとボールに指をかけてしまうとどこへ投げてしまうかわからないという恐怖心があったからなんです」

全力で投げれば指にかかって暴投になってしまう。「指がひっかかる、ひっかけられない」とは専門的な表現だが、森本に言わせればこういうことである。

ボールを投げるとき、ふつうは人差し指と中指をボールにかける。この二本を後ろに返して、力を溜《た》めてスナップをかけて投げる。森本の場合は、この二本の指に力を入れてしまうと、暴投になるような不安があって、強くかけられないのである。だがとくに小学生の頃から、大きな暴投をしていたというわけでもない。予期不安にとらわれたということだろう。

「ボールを握っても指が縫い目からひゅっと逃げてしまう感じです。怖くて指をかけられないのですよ。だからボールに指を添えても、後ろにぎゅっと返せない。その繰り返しでした。ふつうは暴投なんかしてもいいじゃないかと思いますよね。でもそう思えない気持ちが強すぎたんです。心が弱かったのでしょうかねえ」

森本はそのために指をボールに強くかけることができずに、そっとボールに添えたまま投げる習性が身についてしまったのである。当然フォームも崩れてしまう。自分でも気になって、一人でタオルを持ってスローイングのシャドー練習をすれば、きれいに腕は振れる。ネットに向けて実際にボールを投げると、上手《うま》くコントロールできる。だが全体練習でノックを受けると、やはり一塁には緩いボールを投げてしまう。

「僕の本来持っている半分の力の送球しかできないのです。指がボールの縫い目にかかっていないから、当然緩い球になります。それが自分のイップスの入り口なんですよ」

それでもレギュラーとして通用したのは、人並み外れて地肩が強かったからだ。自分ではゆっくり投げたつもりでも打者走者をアウトにできた。

中学二年生くらいから、ようやくボールを指にかけて投げられるようになった。投手としてマウンドにも上がった。ストライクが先行する場面ではいつもどおり投げられる。しかし、走者が塁上にいてプレッシャーがかかる場面でボールが先行してしまうと、「ストライクが入らないのではないか」という思いが先立ち、あの指にひっかかる不安が戻ってしまう。

中学時代から運動神経は抜群だった。走り幅跳びで六メートル五三の荒川区《あらかわ》記録を打ち立てた。だが送球は苦手だ。何とか中学時代はショートとして乗り切ったが、高校に入るとさらに悩まされることになる。

森本はこの頃を回想する。

「僕のイップスはただ単にいいボールを投げたい、暴投はしたくないという気持ちが強すぎてなってしまった感じです。当時は少年野球でこう投げなさいと指導する人もいませんでしたしね。だけどそこそこ肩の力はあるから、僕としては緩いボールでも、アウトが取れたんです。受ける側も球は強かったと思っていたようです。でも僕からしたら本来の球ではない。なんか僕は投げるの得意じゃないなと思っていました」

一塁にハーフバウンドで投げてしまう

森本は帝京《ていきょう》高校に進み、ショートを守ることになる。ここでさらに送球イップスは混迷を深めることになる。

「究極の場面になればなるほどハーフバウンドで送球してしまうのですよ。指にひっかけて強く投げられないのです。ピンチなど試合でここぞという場面ですね。ショートバウンドじゃなくて、ハーフバウンドです。自分ではきちんと投げようと思っても、投げられないのです」

森本のところに打球が行く。すぐに捌《さば》いて一塁へ投げる。

「それも、もっとも一塁手が捕りづらい場所でバウンドするんです」

それが大事な場面で出てしまった。高校一年の秋季大会だった。帝京高校は都大会の準々決勝で修徳《しゅうとく》高校と対戦した。後半に修徳は走者一塁のチャンスを迎えた。このとき二塁手にゴロが飛んだ。併殺プレーで、ショートの森本は二塁にベースカバーに入った。送球を受けて、一塁に投げたがハーフバウンドになって送球が乱れ、併殺にすることができなかった。その後、帝京はリードを守れず敗れてしまった。

「とくに近い距離は投げられなかったのですよ。ハーフバウンドになってしまって」

森本は唇を噛《か》んだ。とくに辛《つら》かったのが、冬場の練習だった。秋の予選で、自分の暴投で試合に負けた年だった。まだその傷は癒《い》えたとは言い難い。

冬場はどのチームも練習にサーキットトレーニングやインターバル走を採り入れて体力作りに力を注ぐ。そのとき採られたルールがあった。内野にシートノックをする。全員が無事に捕球できたら、体力トレーニングの一種目が免除される。だが一人でもエラーが出たら、連帯責任として内野手全員の通常の体力トレーニングに種目が新たに加えられる。例えば全員腕立て伏せ一〇〇回というふうにである。

誰もがエラーしたくないので、この練習はとても盛り上がる。三塁手が何球かのノックを受けて、一塁への送球も完璧《かんぺき》に行う。ショートの森本に打球が行く。

「捕るのは簡単なんです。でも捕った瞬間投げるのがねえ。だから僕がストライクの送球したら超盛り上がるのです。皆《みんな》の期待を背負うわけです」

これで無事に終わるといった手前で、森本が何度か一塁に暴投して、ノーエラーを帳消しにしてしまったときがあった。

「あれは辛かったですね。僕の暴投のために、先輩も、同級生も普段よりも体力トレーニングをしなければならない。半分以上は僕の責任で全種目トレーニングをするときもあった」

罰としてのトレーニングが待っている中で、選手たちは絶対にエラーをしてはいけないと追い込まれる。あと二球、一球というときの緊張感は並々ならぬものがある。精神を鍛えるためには効果的な練習方法である。

だが森本は自分のミスのために、ナインをさらにトレーニングさせる結果になってしまった。自分の悪送球の罰で、自分がどんなにトレーニングさせられても平気だった。しかし、先輩や同期も道づれにトレーニングをさせられる。それが辛かった。

彼はイップスの原因を考え過ぎる力が原因だと考える。上手く投げたい、暴投したくない、その気持ちの強さから、体が萎縮《いしゅく》してしまう。それは完璧主義にも通じるが、反面一つの失敗も許せない頑《かたく》なな自己否定も生み出すことになる。

「もし暴投だったらどうしようと考えちゃうんです。性格も神経質で、よく胃腸炎になるんですね。現役時代は新庄剛志さんみたいなパフォーマンスをやる思い切りはあったんですが、神経質は神経質です」

とはいえ、森本は三年生になると主将を務め、三番でショートを守った。夏の甲子園大会三回戦の浜田《はまだ》高校戦では、後にソフトバンクでエースとなる左腕の和田毅《わだつよし》からバックスクリーンに豪快な本塁打を放った。高校通算三四本塁打。平成一〇（一九九八）年のドラフト会議でファイターズが四位指名した。身長は一八五センチ、体重は八一キロ。大型のショートとして将来性を高く買っての指名だった。

日本ハム期待の大型遊撃手

平成一一（一九九九）年に森本はファイターズに入団したが、一年目は右肩痛のためにリハビリに費やし、二軍でも二五試合出場に止《とど》まった。打席はわずかに一〇である。

秋季の二軍選手のオープン戦である「ハイサイ沖縄リーグ」が、彼の実質的なスタートになった。秋季に沖縄でキャンプを張るチームが、沖縄県の球場を舞台に戦う。彼は右肩痛も癒えてショートで出場するが、一塁への送球はすべてハーフバウンドになっていた。暴投も多かった。コーチと一緒にネットスローもやって少しは投げられるようになったが、それでも指に力を入れるのが怖くて全力で投げられない。

入団一年目に二軍の総合内野守備走塁コーチだったのが、猿渡寛茂だった。森本は守備の基本練習を猿渡とともにびっしり行った。何回もネットに向かって送球し、捕っては投げるを繰り返した。猿渡の指導で何とかネットには投げられるようになっても、試合になると悪送球になってしまう。

「練習したから治るというものでもない。そこは別問題でした」

森本は語った。

二年目は二軍の開幕戦で外野のレギュラーだった選手が膝《ひざ》に怪我をしたので、急きょ森本が外野に入ることになった。以後、彼は外野を守った。外野に行けば全力投球が求められる。そのためにはボールに指をかけて思い切って投げなければならない。

「そういう環境になって、ようやく指にかけて投げるという感覚が出てきたのです」

当時の二軍の外野守備走塁コーチの山森雅文《やまもりまさふみ》はその守備力を絶賛した。

「足はＳ一班で、競輪に喩《たと》えれば最上級の俊足。外野守備にも十分対応できている」

二年目は外野と内野の掛け持ちで、三塁を守ることが多かった。しかし彼にとって外野はたまたま行っている場所で、やはり自分は内野手なのだという自負があった。

プロ二年目は一軍で七試合出場しているが、外野手として、である。内野手でレギュラーになる夢を描いていた彼は、一軍に行けるのは嬉《うれ》しいが複雑な心境だった。

秋にニューヨーク・ヤンキースのキャンプに参加したときも内野手登録で行った。それほどまでに内野へのこだわりがあった。

その頃だったか、二軍に一年先輩の飯山裕志《いいやまゆうじ》がいた。後に「守備のクローザー」と呼ばれ、一軍では選手生活の殆《ほとん》どを内野、外野と守備固めで過ごすという守備の職人になった男だ。

森本は飯山が指摘してくれたことを思い出す。彼は内野を守る森本に言った。

「お前は腕の振りは速いけど、ボールはあまり来ていないね」

飯山は彼の投げ方を真似してみせた。投げる前までは威勢がいいのだが、リリースの部分から急に勢いが失速する。

「この癖がずっと抜けていないのです」

だが、外野を守るようになると違った。バックホームするときは、何も考えずに、腕を思い切り振って最後まで投げることができた。レフトの彼の前に打球が飛ぶ。走者は迷うことなく三塁ベースを蹴る。このとき森本は指のことなど何も考えず、思い切り投げることができた。腕の振りもじつにいい。ノーバウンドでホームに目の覚めるような速いボールが行った。これが自分のボールだったのかと信じられない気持ちだった。

「考える暇なく、捕って一気に投げたときに、凄《すご》くいいボールが行くのですね。これが俺のボールか？　と思いました。自分で自分のボールに驚きました。考えないのがいいというのがよくわかったし、考える力が邪魔をしているのが僕という選手だったのです」

六三試合に出場し、一番に定着して八試合連続安打をマークした。本塁打も三本打った。徐々に打撃もプロの水に慣れてきたというべきだろう。外野手が怪我から復帰すると、再び内野に戻ったが、ショートには新人の田中賢介もいて、三塁も守ることになった。ショートに行けば、どうやって投げてよいかわからなくなるが、三塁だと何とか送球することができた。森本は「三塁の方が見える景色も違うし、投げやすかった」と語っている。心理的な要因もあったのだろう。

克服のためのポイント

森本は当時を振り返って、イップスを克服するにはいくつかのポイントがあるのではないかと考える。

その一つが、一つの技術を信じて徹するということである。つまりイップスに罹《かか》った選手に見られるのは、顔が少し浮くなど、余計な動きがあるという点である。

「投げるときに、捕ったらここにこう投げると形を一つだけはめるんです。どこで捕ってもそれしか考えないようにする。自分の上手く投げられそうなリズムや形を決めちゃうことなんです。そうすると上手く行くケースはあると思う。捕って左手がどうとか考えるとおかしくなってしまう」

内野手で、イップスに罹ったある選手は、考えないことだと言う。捕球したら考える間もなくすぐに投げるという方法を採っている。この方法は、野手に限らずイップス克服に普遍的な方法でもある。

昭和五〇年代（一九七五～八四）だが、東北高校に中條善伸《なかじようよしのぶ》（後巨人）という左腕の投手がいた。四季連続で甲子園に出場したが、昭和五四（一九七九）年の選抜では打者九人に四球五、二イニングも持たず降板した。同夏の甲子園も先発して押し出しで三点献上した。だが三年になり、プリンスホテル監督だった指導者の教えで、捕手からボールを受けたら、何も考えずにすぐに投球を行うようになった。コントロールの不安、またボールだったらという不安を考える間もなく、投球動作に移ってしまうのだ。

このクイック投法でコントロール難は解消され、中條は甲子園で二試合連続完封（うち一試合は無四球）を記録した。後に彼は南海で中継ぎ投手として活躍し、巨人では制球の良さを買われて打撃投手となり、清原和博に専属で投げた。投手にしてもそういう事例がある。

森本は言う。

「一回イップスになれば、内野手を続けていくのは凄く難しいですよ。送球のミスは試合の流れを変えますから。それに思うのは、少し余裕ができたときに出やすいということです。ふつうのゴロでも自分の中で決めた形を崩さないで捕って投げる。余裕があるから、いつもと違っていくぶんゆっくりと思ったら、奴らがやって来ます。どんなときでも自分のリズムを崩してはいけないのです」

森本はイップスのことを「奴ら」と呼んだ。彼が指摘するように、自分に選択肢を与えず、ただ一点だけに集中してプレーすることは、イップス克服の理にかなっている。

「イップスに何でなるかと言ったら、それは捕って何かを考えてしまうからなんですね。いろんな考えがいろんな方向から来ないようなアプローチをかけるにはどうすればいいのか。やはり捕って投げるという一連の動きの形を作ることです。プレッシャーがかかるときも一、二、三とリズムに乗って投げる。人それぞれ、そういう形を見つけることが一番かなと思います」

白井一幸から見た森本

入団当時から森本を見ていたのが二軍コーチだった白井《しらい》一幸《かずゆき》である。白井は昭和五九（一九八四）年にドラフト一位で駒澤大学からファイターズに入団、当時はタブーだったウエイトトレーニングを導入してパワーアップを成し遂げるなど、先進的な考え方を持っていた。パワーアップもあって、一試合左右両打席本塁打を放つなどの記録もある。ベストナインにも選ばれたが、平成六（一九九四）年に残した五四五回守備機会連続無失策は、今でも二塁手としてのパ・リーグ記録である。日本の野球界でもいち早くメンタルトレーニングにも着手し、その研究は二〇数年にもわたる。

白井は、森本がファイターズに入団した一年目は球団育成部におり、二年目の平成一二（二〇〇〇）年に二軍総合コーチ、翌年は二軍監督を務めた。なおファイターズで二塁手として活躍し、ベストナイン六回、ゴールデン・グラブ賞を五回受賞した田中賢介のイップス克服にも白井はかかわっている。

森本がまだ二軍にいた平成一二年に、白井は二軍のコーチとして彼に接した。このとき内野では三塁を守っていたが、当時の「週刊ベースボール」（平成一二年八月一四日号）ではこう述べている。「イースタン・チェック」で森本が大きく取り上げられたときのものだ。

「打球への反応がいいので、将来はショートを守らせたい」

さらに欠点も指摘している。

「捕球時、体が送球方向に早く流れてしまう」

この習慣のために、腕を振り下ろす位置が一定でなく、送球が不安定になるのだという。

森本のイップスにとことん向き合ったのも白井だが、彼に当時の様子を聞いた。

平成二九（二〇一七）年七月の札幌ドームの練習のときである。平成二五（二〇一三）年から一軍内野守備走塁コーチ兼作戦担当の任にあった彼は、常に大きな窓から見えるグラウンドに目を向けながら、質問に答えてくれた。

白井は『メンタル・コーチング』『北海道日本ハムファイターズ流 一流の組織であり続ける三つの原則』など、野球論に関する著書もあり、卓越した指導方法には定評がある。

「イップスは精神的な理由で発症すると思われますが、技術的に明らかにイップスに共通する動きがあるんですね。その動きを森本もしていたんです」

私たちのインタビュールームの前には、大きな窓からファイターズの選手たちがストレッチ、ランニングなど体を動かしている姿が見える。これから本格的な練習が始まろうとしている。

「森本はね、肘《ひじ》より高い位置にボールを持った状態が長いのですよ。そこから投げようとするので、肘よりボールを高く上げたままバックスイングして投げることになる。それでは上半身と下半身の動きが連動しないから、バランスが崩れ、タイミングも取れないのです。足など体が動いているのに、手が上がったまま動かない。これでは上下の体が連動しません。森本はその技術的な面でスローイングが上手く行かなかったから、次第に精神的にも悩みが深まったということです」

上半身と下半身の動きが連動しないためにイップスの症状として起こるのが、捕手が投手に上手く返球できなかったり、投手が一塁寄りのゴロを一塁に悪投したりするケースである。あるいは走者を塁間で追いかけるランダウンプレー、いわゆる挟殺にも見られる。

ランダウンプレーは飛び出した走者を野手が挟む恰好《かっこう》になるので、一方の野手はボールの出所が見えにくい。そのためにボールを持った野手は、向き合う野手にボールをよく見せて投げることが鉄則となる。それにより、肘より高くボールを持つことになって、イップスになるケースがある。

そういう白井もイップスになりかけた経験がある。ファイターズでの現役時代、二塁手だった彼は一塁へ送球するとき、タイミングが取りづらいケースにしばしば遭遇した。一、二塁間にゴロが行く。二塁手の白井がゴロを捕って一塁へ投げようとすると、まだ一塁手は背中を向けて走っている。投げようとしても自分のタイミングで投げられない。そのまま一塁手が捕球体勢に入るまで待つこともあった。このとき投げるリズムを崩し、送球がおかしくなりそうになった。

「そのとき、まだ一塁手が入っていない、自分のタイミングで投げることができないと思っていました。しかしその場で待つのではなくて、もう一回投げようとしたスタートの地点に戻って投げればいいのだと、対処方法を見つけることができました」

多かれ少なかれ、野球選手はイップスに陥りがちなケースに出会うものである。それを深みに嵌《はま》らせないようにするのも、技術なのである。

白井のイップス論

白井は、森本の肘より高くボールを持ったまま投げようとする習慣を取り除こうとした。だが、森本は入団時から肩の痛みもあったため思うような動きも制限され、フォームの矯正が難しかった。白井が教えたイメージを体で表現するのも得意ではなかった。そのため、イップスの克服は上手く行かなかった。

森本が入団した一年後に内野に田中賢介が入団してきた。彼は主に二塁を守っていたが、やはりイップスに苦しんだ。田中は森本と違って、動作には問題がなかったが、捕ってから投げるリズムが悪かった。暴投したくないという不安から、慎重になり過ぎて時間がかかる。その間に上手く投げたい、失敗したらどうしようという雑念が頭に浮かんでしまう。白井はリズムやテンポを変え、考える時間を与えない速い動作に変えてイップスを克服させた。

　白井は言う。

「イップスには動きやリズムなど、いろんな要素があります。手に限らず、足の動きに問題があれば、足も改善しなければいけません。だからすべての選手にあてはまる、これでよくなるという方法はないのです。イップスになる原因についても人それぞれですよ。一つのミスを『あ、たまたま出た』と切り替えられる人はイップスにはなかなかなりません。技術はおかしくないのに、ミスをきっかけに悪い方向に嵌って技術までおかしくなってしまう人もいます。さらにメンタルも病んでしまうケースがあります。これはイップス体質で、圧倒的に多いわけです。イップスになるのは環境もあるでしょうね。一つのミスを周囲から徹底的に追及されたり、脅されたりしてなるケースもあります。逆にミスして周りから放っておかれてもひとりでにおかしくなる人もいるので、その因子は千差万別なのです」

　そのとき白井は部屋からグラウンドにいる選手に目を留めて、手で合図を送った。何か助言したのだろう。十分に伝えられないと思った彼は、断りを入れて席を立った。すでに現役を引退して二〇年ほど経つが、腹筋は締まっている。そこに彼の摂生と弛《たゆ》まぬ努力が感じられた。グラウンドで選手にひとしきり指導した彼が部屋に戻って来た。口調は柔らかく笑みを浮かべているが、切れ味鋭いナイフのように、はっきりと肯定否定する怖さがある。年間一〇〇冊以上の読書を行い、コーチングの研修に余念がない白井の論理は的確である。聞く側も姿勢を正してしまう。

イップスは治る

イップスは治らないものなのか、白井に聞けば、的確に答えてくれそうな予感がした。やはり即答だった。

「私は治ると思います。ただし治らないと決めている人は治らない。技術的に問題があれば技術を直せばいいし、メンタルの部分で問題があれば、メンタルからアプローチする。技術からメンタルに行っている場合は、先に技術面からアプローチして、その後メンタルからのアプローチをします。その人の症状にあったアプローチをしていけば治る可能性は極めて高いと思います」

だが選手は、イップスに罹れば苦しみ、症状から脱することなく球界から去ることも多い。

「治らないケースが非常に多いのは事実です。それは治せないし、治らないという選択をしているからです。実際に野球界にはイップスの選手は山ほどいる。ゴルフもそうです。ただそれを不治の病と解釈しているから治らないと思ってしまうのです。私は良くなるチャンスがある限り、そこにチャレンジするなら、治る可能性は高いと考えます。病気のがんでも同じでしょう。がんになったから、治らないと決めつける人と、がんになったのは仕方ないから、この病とどう付き合っていこうか、治せる方法は何なのか、生活習慣を変えていくのかとか、これは罹った当人の選択であると私は思います」

イップスを特別視するのではなく、野球の技術論の問題点の一つとしてとらえたほうがよさそうだ。

「イップスに限らず、スローイングのいい人、悪い人、バッティングのいい人、悪い人、守備のいい人、悪い人、いろいろいますよね。そこに共通する動きを取り出していけば、技術的な問題は原因がはっきりしていきます。いい人に共通する動き、悪い人に共通する動きがあって、それを取り出していけば、技術論というのはできてきます。その技術論を運動力学や運動学に当てはめて考えたら一致します。したがって、イップスにも共通する動きがあって、その動きをまず排除していくということです」

では、そこに指導者はどう関わっていくのか。

「いろんな文化や一人ひとりの育ってきた背景、持っているメンタル、考え方にも違いはありますから、これも千差万別です。三〇人イップスの選手がいたら、三〇通りのアプローチが必要ということになります。こういうやり方で上手く行ったから、他の人に通用するかというとそうではない。〝ああいうやり方で私は上手く行ったけど、こういうやり方だったら、もっと上手く行ったかもしれない〟と考えることが、学ぶということです」

イップスを治すために普遍的な原則はない。人が一人ひとり性格も育ちも違うように、イップスの現れ方も違う。その人に合った効果的な治療法を見出《みいだ》し、絶対に治すという気持ちで選手もコーチも取り組むしかない。それは究極的には医療の現場でも通じることであろう。人を見て法を説けというのは、イップスに限らず、すべての事象でも同じである。

白井は引退後の平成九（一九九七）年、ニューヨーク・ヤンキースにコーチ留学に行き、そこでファイターズの監督となるトレイ・ヒルマンと出会った。後に、ヒルマンの下でコーチを務めることになる。白井は国内に戻り指導者となってからは、練習プログラムのドリルを作成し、計画的かつ科学的なトレーニングを行う。彼によれば、アメリカでもイップスを治せないという指導者は圧倒的に多い。そこには野球人口の多さがある。日本の野球界は全員の選手を零《こぼ》れないように底上げするが、アメリカはむしろふるい落としの世界である。イップスになった時点で選手に失格の烙印《らくいん》が押され、解雇されることも珍しくはない。代わりは幾らでもいるからだ。

ただ、アメリカ人の気質がイップスになりにくい部分があるのも事実である。それは、彼らの持つ物事へのポジティブな考え方である。日本人は一つのミスを重く受け止め引きずることが多い。そのため、次は慎重に行こうと自戒する。その生真面目さが得てして深刻になりすぎ、イップスを発症する。アメリカ人は、ミスに対してそこまで重く受け止めることは稀である。

だから、と白井は言う。

「日本人に必要なのはポジティブな考え方かもしれませんねえ」

例えば打者に対して「高めには絶対に手を出すな」と言えば、意識しすぎてつい手を出してしまう。むしろ「低めを積極的に打って行こう」と言えば、同じ意味でも選手をプレッシャーから解放することになる。

「だから指導者は原因がどこにあるのかをまず明確にすることです。イップスに罹った人に〝あなたはどうなりたいのですか、そのためには今効果的なことをやっていますか〟と問いかけることですね。ここにゴールがあるとします。ゴールに行くにはいろんな方法がありますす。アメリカに行くのに船で行くのか、飛行機で行くのか、その方法が見えたら、今度は正しい方法で、強度と量のバランスの取れた質の高い練習を行い、高い目的意識を持って労力を払っていく。これらをやっていけば、イップスの克服というゴールにたどり着きます。

イップスだから野球選手として成功しないという選択をするのか、どんなことがあっても成功したいのか、そこに焦点を絞ることですね。もう一つは、方法を間違えていたら絶対にゴールには行けません。イップスは野球全体の技術体系の中では特別なものではなく、いいボールをきちんと投げる一つの部分でしかないわけです。イップス自体が大きな割合を占めるものでもなく、クローズアップされているわけでもないということです」

白井の話を聞いて、イップス克服の困難さも感じながら、同時に克服の方法論さえ間違えなければ必ず治っていくものだと認識を新たにした。

イップスも特殊なものではなく、他の野球の練習方法論の中に含まれるものなのだ。

外野手という選択

外野手の怪我も治り、森本は再び内野に戻った。しかし三年目に外野へのコンバートを通告された。決断し、伝えたのは白井だった。森本はファイターズに入って、二年近く内野を守ったが、送球の問題を抱えたままであった。外野手としては送球、動き、走力ともにスピードがあるということ、内野で見られる送球のときの癖が外野では見られないこと、これらを考慮に入れて、外野で勝負するのがプロ野球の世界で生き残る一番の道だと白井は考えた。

白井は決断の理由を語る。

「やはり、見ていて内野手よりは外野手のほうが、適性があると思いました。森本は内野手としてプロの最高の能力はないかもしれませんが、外野手としては違うと思いました。それにファイティングスピリットだったり、チームを元気にしたりする能力もあります。足りない部分のある内野に固執して続けるより、自分の持っている能力を生かすことが、やはり適材適所だと思うのです」

ただし、白井の方針は方向性を選手に示し、指導者として深く関わるが、その選択への最終決断は選手に任せるというものだった。

通告された森本には強い抵抗があった。自分は大型内野手として期待されてプロ野球の世界に入った。内野手として一軍のレギュラーを夢見て、イップスとも戦い、辛い練習も続けてきたからだ。

当然森本は拒否した。だが白井はこのとき二軍で外野手の人数が足りないこともあったので、彼にとって試合に出場し、飛躍できるチャンスだととらえていた。これまでのように内野に拘《こだわ》れば試合出場も多くは望めない。外野であれば機会は増える。白井は率直に尋ねた。

「内野に拘るよりも外野のほうが試合に出られる可能性は高い。お前はどちらを選択したいのか」

森本はしばらく考えると白井に言った。

「やはり試合に出たいです」

「じゃあ外野で出しましょう」

このとき、やむを得ずだが外野手森本が誕生した。この選択は吉と出た。

コンバートについて白井は理詰めで説得したつもりだが、それを森本がどういう思いで聞いていたかはわからないと述べている。

「私は理詰めで言ったつもりですが、本人が聞くときに、自分はやっぱり内野をやりたいという気持ちで聞くのと、プロ野球の世界で生き残っていくには自分には何が必要かと思って聞くのでは、同じ話をしても取り方が違います。選択する側の問題ですから、森本がどう感じたかはわかりません。新しい世界へ一歩を踏み出す勇気は我々もないです。今までの悪い習慣を捨てたい、変えなければならないと思っても、今までこれでやってきたという思いもある」

だが白井は、そういうときに指導者は背中を押すことも必要なのだと考えた。人は誰しもこれまでのキャリアを捨てて、別の世界に行くときに一歩を踏み出すことができない。それがよいことだと頭でわかっていても、人は簡単に行動に移れるものではない。人というのは元来そういう生き物だからである。

だから、と白井は強調する。

「変えるためには労力が必要です。踏み出したいけどできないときは、背中を押してあげるのが一番なのです。森本を外野で試合に出すことが、我々が背中を押すことだったのです」

森本は外野なら思い切りスローイングもできた。イップスの症状はなくなった。このとき、森本は白井の言葉をどう受け止めていたのだろうか。

「これまでも打診はあったのですが、プロ入り二年目くらいまでは頑なに拒否しました。ずっと内野手でやって来て、ショートでレギュラーを取ると思い込んでいましたからね。一、二年で内野を辞めますというのも悔しくて。ただね、内野じゃ無理かなあという思いも少しずつあったんです。もちろん送球という点ですが、さらにいつも低い体勢で動いているのも違和感があって、外野のほうが伸び伸び走れるなというのもあったんです」

移ってこそわかる外野の感触だった。

外野で見つけたやりがい

白井は約束通り、森本を外野手で出場させた。平成一三（二〇〇一）年はイースタン・リーグでも自己最高の四七試合に出場し、安打も六〇、打率は三割三厘をマークした。盗塁も一六個を記録し、打って走れる外野手として注目が集まった。彼の心境が変わった。

「外野を経験してみたら、こちらが自分の天職なのだと思いました。すると一軍にも昇格して、ボールも意外と投げられた。それからですよ。ちゃんと投げられる感覚を摑《つか》んだのは」

白井も外野に移った森本を見て思った。

「外野で彼はいいプレーをしました。試合に出続けることによって、外野手の魅力、自分の適性に気が付いたんです。彼がそのまま内野手に固執してプロ野球のキャリアを進めるよりは、外野に行った方がよかったということです。結果的に一軍でレギュラーになって、三割も打ち、ゴールデン・グラブ賞も取って、優勝に貢献できる選手になりました」

当初は慣れないポジションゆえに苦労もあった。コンバートされて間もない頃は、送球にイップスの影響も見られた。とくに投げる距離が短くなる内野への返球に難が見られた。走者なしの場面ではフライを捕球すると、内野への返球はワンバウンドで投げていた。ただ、外野手がワンバウンドで返球しても、観衆は気にならない。外野手はノーバウンドで届こうが届くまいが、強いボールで返球することに価値があるからである。とは言え、一軍の試合でバックホームするとき、力の入れ加減がわからず、バックネットを直撃したこともある。

「強く投げられるようになった分、どこに行くかわからなくなった。内野では強く腕を振らないで加減していたのですが、指にひっかかる感覚もあって、外野で送球をコントロールできるまで二年かかりました。低く投げることは大丈夫でした」

低く投げれば大丈夫だとわかって、送球も定まってきた。とくに外野は捕って投げるだけなので、余計なことを考えなくて済む。

「外野で僕が暴投をしなかった理由は、ここに高さを決めて投げればだいたいワンバウンドで返球できるという基準が外野にはあるからです。例えば、カットマンの腰辺りをめがけて思い切り腕を振って投げる。外野だとハーフバウンドでカットマンに投げても許されるんです。本当は駄目なんですけど、内野手がカバーしてくれたからすごく助かりました」

以後、森本の送球は大きく乱れることはなかった。そのとき彼が感じたのは、内野のときも、一塁手の腰元、ベルト辺りをめがけてただ単に腕を振っておけば上手く投げられたかもしれないという点だった。考えず、目標の点だけを見つめて投げる。そこにイップス克服の秘訣《ひけつ》がありそうである。

「イップスが何で出るかというと、それはボールを捕って何かを考えてしまうからです。いろんな考えがいろんな方向から来ないようなアプローチをとるにはどうすればいいかです」

それがどんな状況でも一点だけを見て、自分のリズムで捕って投げるということだ。

もう一つは心の余裕である。内野に返球するときは、バウンドしたり野手から逸《そ》れたりするときもあった。だが、外野の場合は多少送球が崩れても観衆は見ていない。内野であれば大きなミスをしたと騒がれるが、外野はそこまで注目されていない。

「要は、外野手はゴロになっても強いボールを投げればいいんです。外野手はワンバウンドで投げてもそのへんのごまかしが利くんです」

森本はそう述べる。彼は外野になってイップスの症状から徐々に解放されたが、彼自身は克服したとは考えていない。内野手としてイップスを治せなかったから、外野へ行くという選択を取ったと考える。白井はコンバートという選択を会社員の配置転換に喩える。
「ここは私の望む環境じゃないからと職業を変えます。そこに一〇〇パーセント望むものがあるかと言ったら、ない。また次の職場に行くことになる。自分の望む環境を作ろうと思うのだったら、最終的には自分で経営するしかない。我々は職業を選ぶ自由よりは、その環境の中でなにをやるかを選んだ方がいい。会社で自分は営業をしたかったけど、別の職種に可能性があるかもしれない。そこで会社に貢献できる。自分もよりよい人生を作っていくためにチャレンジするかどうかです。イップスの選手のコンバートにも言えると思います」

ついに一軍で活躍!

森本はコンバートされた七月に一軍に昇格した。七月一八日の西武戦では六番ライトでスタメン出場し、エースの松坂大輔《まつざかだいすけ》からライト前にヒットを放ち、二つの盗塁も成功させた。八月からは九番ライトのポジションで出場し、五日のダイエー戦では初めての猛打賞を記録した。一塁への全力疾走も欠かさず、それは凡打のときも同様だった。そこには白井の理論もあった。
凡打を打っても、最初から最後まで全力疾走して塁間を駆け抜ける。内野ゴロでもセーフかアウトになるか以上に、相手に重圧を与えることになる。アウトになる瞬間まで諦《あきら》めないという意味だ。全力疾走することで、相手は焦る。普段と違う動きをしてエラーをするか、暴投することもある。それほど相手の平静な心理を乱す効力がある。それはチームへの勢いももたらす。そのような練習を愚直に続けることが、運を呼び込む最大の要素だ。

森本は攻撃の足だけでなく、守りの面でも足を生かし守備範囲を広くすることができた。肩も強い。さらに試合後もウエイトトレーニングを欠かさず、一人黙々と続け、最後に帰っていた。この年、平成一三（二〇〇一）年は一軍で六五試合出場している。

以後、平成一四（二〇〇二）年六六試合、一五（二〇〇三）年六一試合、一六（二〇〇四）年七八試合と一軍に定着していく。平成一五年にはトレイ・ヒルマンが監督に就任したが、森本を「バーニー・ウィリアムスの再来」と褒めたたえ、開幕戦に一番センターでスタメン起用した。ウィリアムスは、一九九一年から二〇〇六年までニューヨーク・ヤンキース一筋でプレーしたスイッチヒッターの外野手だ。通算安打は二三三六で、生涯打率は二割九分七厘と、アベレージヒッターである。首位打者一回、ゴールドグラブ賞四回の名選手だった。森本はヒルマンの期待に応《こた》えて、四月だけで四本塁打を打った。後に打撃が伸び悩み、シーズン後半は代走、守備固めが多かったが、一軍に必要とされる選手になったのは事実だ。

平成一六（二〇〇四）年には森本にもう一つ転機が訪れた。ニューヨーク・メッツから新庄剛志（登録名はSHINJO）がファイターズに移籍したのである。当時、森本は三年続けて一割台と打撃が低調だったが、新庄は三振して肩を落としてベンチに帰る森本を叱った。

「凡打しても下を向いて帰ってくるな」

彼はさらにこうも諭してくれた。

「俺が監督だったら、下を向いて帰って来る選手をもう一回使いたいとは思わないよ。堂々と帰って来たほうが、また次に使いたいと思うだろ」

もう一つ教わったのは、守備に対する考え方である。新庄がまず言ったのは「守備は攻めなのだ」ということだった。守備は打者がどの方向に球を飛ばすか、その傾向によって位置を決める。さらに投手の球、捕手の配球、打者の調子などを勘案して一メートルから二メートル前もって移動する。

森本が飛躍したのは、平成一七（二〇〇五）年からである。初めて一〇〇試合以上に出場し、本塁打七、打率二割六分四厘を記録すると、翌年から一気にブレイクする。

ヒルマン監督を唸らせた気迫

平成一八（二〇〇六）年は一番レフトに固定され、先発出場すると、四月二五日の西武戦でグラマンの初球を叩《たた》き、先頭打者本塁打を放った。翌日も帆足和幸《ほあしかずゆき》から初回に本塁打。二試合連続先頭打者本塁打を放ち、そのまま好調を維持して、オールスターゲームにも選出された。第一試合の前には漫画「ドラゴンボール」のピッコロ大魔王のコスプレで出場し、ベンチではカッパ風かつらを被《かぶ》ってファンを喜ばせた。

「オールスターゲームは野球場に来て野球だけを見るのでなく、プラスアルファで何かパフォーマンスしてファンの方に喜んでいただけたらいいなと思ったのです。そういう気持ちでやったんです。これは新庄さんがパイオニアですけどね」

試合では全力投球を忘れないのが森本だった。第二戦の五回裏に、西岡剛《にしおかつよし》との重盗で森本は本盗に成功する。球宴史上三人目の快挙だった。

後半戦第一戦の東北楽天ゴールデンイーグルス戦では、延長一〇回に抑えの福盛和男《ふくもりかずお》からレフト前に弾き返す、自身初めてのサヨナラヒットを放った。彼の活躍にヒルマンは言った。

「森本からはスポットライトを浴びたい、打ってやるという気持ちが伝わってきた。後半戦最初のゲームを取れたのは大きい」

この年は九月中旬まで首位西武と二位ファイターズ、三位ソフトバンクが三つ巴《どもえ》の首位争いを繰り広げていた。一七日の段階で、ファイターズと西武とのゲーム差はわずか〇・五であった。この日も西武は勝ったが、ファイターズも千葉ロッテマリーンズと延長一一回表まで五対五と勝負がつかなかったものの、この裏に金子誠がサヨナラヒットを打って激戦を制した。だが、この日の殊勲は六打数六安打でリードオフマンの役割を果たした森本だった。

翌一八日も初回から二打席連続安打して、合わせて八打席連続安打となり球団タイ記録を達成した。年間で一三四試合に出場し、一四八安打、九本塁打、打点四二、打率二割八分五厘を残し、名実ともにファイターズの核弾頭となった。

森本の守備の醍醐味《だいごみ》は、守備範囲の広さと送球の正確さだった。レフト線を抜ける打球や、左中間のフェンス直撃の打球もすぐに追いかけ、クッションボールを処理すると、すばやく二塁に絶妙のコントロールで送球する。通常は悠々とセーフになる場面が、間一髪セーフだったり、ときには刺されたりと、打者走者も気が抜けなかった。そのため外野手の間を抜ける当たりでも一塁ベースで逡巡《しゅんじゅん》して、あえて二塁へ行かないケースも出てくる。これこそ、守備が相手への攻めであることの立証だった。

プレーオフで発揮された守備力

森本の守備力が遺憾なく発揮されたのが、レギュラーシーズン終了後のプレーオフであった。

ファイターズはシーズンを一位で通過し、プレーオフ第二ステージでの森本の好走は前述した。じつは、第二ステージで彼は守備でも大きく勝利に貢献している。

初戦は両チームともに重圧のかかる場面だが、一回表に先発のダルビッシュ有も普段より硬くなり、ソフトバンクの一番川﨑宗則にプレーボールの後の初球をヒットされてしまった。さらに二番大村直之《おおむらなおゆき》がバスターエンドランで三塁に走者を進め、一、三塁のピンチを作られてしまった。すべてが後手に回るファイターズで、打席に四番松中信彦《まつなかのぶひこ》を迎えたときだった。彼の打球はレフト後方に上がった。犠牲フライに十分な距離である。だが森本は捕ると、渾《こん》身《しん》のストライクの返球をし、アウトにこそできなかったが、あと一歩で刺すところまで追い込んだ。

森本は捕殺王にはなっていないが、その数は九で、一位の西武の赤田将吾《あかだしょうご》、和田一浩《かずひろ》の一〇に次ぐものだった。

その裏、田中賢介は二ストライクを奪われながらレフト前ヒットし、二塁に盗塁を決めた。田中も生還できなかったが、二人の伸び伸びとしたプレーがダルビッシュの精神面をほぐした。ダルビッシュは力を抜いて器用に攻める投球から、一変して力勝負に移ったのである。腕を撓《しな》らせ、伸びのある速球を武器に二、三回は五個の三振を奪った。うち四個は速球という力投型の強気な投球を見せた。この二人のプレーはダルビッシュだけでなく、他の選手たちの「大事に行く」という守りの姿勢を「いつもどおり思い切ってプレーしよう」という雰囲気に変えた。

野球評論家（当時）の栗山英樹《くりやまひでき》は〈空気感を変えるプレー、選手〉と称《たた》え、〈今季のヒルマン野球を象徴する一、二番の全力プレーでチームは目覚めた。一年間の集大成が一回に凝縮していた〉（「スポーツニッポン」平成一八年一〇月二二日付）と評価した。

ダルビッシュの制球も安定し、九回までに一一個の三振を奪い、ファイターズが初回の一点だけに抑えて、三対一で勝った。

第二戦は九回裏の森本の好走で幕を閉じたが、〇対〇が続く緊迫した投手戦で、ワンヒットも許されない展開だった。三回表二死に、九番で捕手の的場直樹《まとばなおき》があわやレフトを越える大飛球を打ったが、森本はフェンスにぶつかりながら好捕した。

中盤では、ソフトバンクの先頭打者がレフト線を抜けるヒットを打った。森本はフェンスに当たったクッションボールを瞬時に処理し、二塁に糸を引くような送球を見せて打者走者をアウトにした。もしセーフであれば無死二塁のピンチだった。

「やっぱりそのときは気持ちが良かったですね。僕は肩はそんなに強いほうじゃないですが、周囲からは肩は強いと思われていたようです。送球がすごく正確と言われ、嬉しかったですね」

九回の表も、ソフトバンク打線は疲れの見えた八木から三人ともレフトにヒット性の当たりを打ったが、森本は右に左に走り難飛球を捕った。

九回裏の二塁からのホームインは、何が何だかわからなかったという。しばらくしてサヨナラ勝利したとわかったとき、選手たちはグラウンドに飛び出して抱き合った。森本は兄と慕う新庄と強く抱き合った。

森本は日本シリーズでも両チームを通じての最高打率三割六分八厘を記録して優秀選手賞を受賞したが、ファイターズ二勝、中日一勝で迎えた第四戦の六回表には守備でも見せた。六回表を迎え、ファイターズは三対〇とリードしていたが、ここで先頭打者のタイロン・ウッズが左中間フェンスにダイレクトで当たるヒットを打った。当然のように二塁に向かう。だが、クッションボールを処理した森本は地を這《は》うような低めの送球で二塁に送る。タッチするに最高の位置に球は来た。悠々とセーフのつもりだったウッズは慌てて滑り込み、際どくセーフとなったものの肝を冷やした。ファイターズの外野陣の恐ろしさを、まざまざと実感させた瞬間だった。

結局、この試合は三対〇でファイターズが勝った。ここでファイターズは王手を掛け、翌日も四対一で勝ち、念願の日本一となった。ファイターズは初戦こそ落としたものの、以後は四連勝し、安定した戦いぶりを見せた。森本は攻撃でも冴え、五試合で六得点、一番打者の務めを果たした。

「自分が塁に出れば勢いがつく」

たしかに小笠原、セギノール、稲葉のクリーンナップは、森本が塁上にいることで奮い立ち、猛打を振るった。相手投手にとっても森本が足を使った攻撃をしかけてくるので、打者に集中する神経も乱された。

新庄から譲られた「背番号一」

シーズン中から現役引退を決めていた新庄は、森本に自分の背番号「一」を譲った。森本は新庄と並んで観客を喜ばせるパフォーマンスをやったが、それは新庄のアドバイスからだった。森本は、子供の頃から周りの人を笑わせるのが好きだった。新庄はその資質を見抜いて「お前ならできるよ」と背中を押してくれたのだ。移籍当時はメジャーリーグ帰りの雲上のスターだったが、森本が積極的に話しかけるようになると可愛がってくれた。新庄も、自分がメジャーからマイナーに落ちたときの話をし、チャンスは必ず来るからそこで結果を残せとも助言した。シーズン中、新庄から言葉をかけてもらったとき、感極まって目頭が熱くなることもあった。

新庄はセンターで元気一杯のプレーを見せ、ファンを沸かせていたが、すでに足の状態は最悪で、足の筋肉が切れているかもしれないと森本に洩《も》らすこともあった。今シーズン限りでの引退も宣言していた。淋《さみ》しいという思いもありながら、外野手三人がタイムのときにグラブを頭に乗せて、三人で腰を落として話し合う姿は名物となり、喝采《かっさい》を浴びた。

オフにはレフト森本、センター新庄、ライト稲葉と、ファイターズの外野手三人がゴールデン・グラブ賞を独占した。森本は初受賞でしかも最多得票だった。ファイターズが「外野の守備で勝つ」を印象づけたのも、この頃である。

ファイターズの外野守備は、やはり他の追随を許さなかった。一試合平均六・六一のアウトはリーグトップの数字だった。それは三人の広い守備範囲、抜群の肩の強さを証明していた。外野守備で試合に勝つというのは、決して大げさな表現では無かった。

三年連続ゴールデン・グラブ賞

平成一九（二〇〇七）年は、これまで主力を担った新庄の他、長距離打者の小笠原道大、投手の岡島秀樹《おかじまひでき》らが去り、厳しい船出が予想された。森本はセンターを守り、一番を打った。序盤から森本は打撃好調で、四月一五日の楽天戦では球団タイ記録の三打席連続二塁打を打つなど好調ぶりを見せつけた。四月二一日から毎試合ヒットを打ち続け、五月二〇日にソフトバンク田之上慶三郎《たのうえけいさぶろう》から投手強襲のヒットを打ち、二四試合連続安打を記録した。これは大下弘《おおしたひろし》に並ぶ球団タイ記録だった。この年は自身初の全試合全イニング出場で、打席、打数、得点はリーグトップ。安打数も一七五、盗塁数も三一で終盤まで盗塁王を争った。打率も初の三割をマークした。

特筆すべきは、捕殺数一五が両リーグトップだった点である。イップスで送球に苦しんだ選手が、もっとも送球の正確さを要求される捕殺王になったのだ。

「コントロールの悪い人は捕殺王になれないじゃないですか。でもこれだけ投げられなかった男がね、もっと距離が伸びても送球のコントロールがすごくよかったと言われる。野球には、そういう意外な可能性がいっぱいあるということなんですね」

この年はベストナインにも選出された。ゴールデン・グラブ賞は二年続けて最多得票だった。平成二〇（二〇〇八）年は五月下旬の巨人戦で左手に死球を受け、小指を骨折。全治五週間の怪我で戦線離脱したが、三年連続でゴールデン・グラブ賞を受賞。以後、平成二一（二〇〇九）年、二二（二〇一〇）年も死球を受け、薬指を骨折し、欠場が増えたものの、犠打数が四三、五五と二年続けてリーグトップだったのは、森本の小技に強い部分を表している。

西武でもベテランの味を発揮

森本は、今のイップスに苦しむ人たちも念頭に置いて語ってくれた。

「僕はイップスを克服したとは思っていませんが、正直イップスでもゴールデン・グラブ賞は取れるのですよ。内野で投げられないのであれば、そこにこだわる必要はない。外野に行けばいいだけのことです。そういう前向きな発信はしていきたいですね」

その後、平成二三（二〇一一）年に横浜へ移籍、ここでは開幕スタメンを摑みながら、左足負傷や若手との入れ替えのため出場機会が減った。平成二六（二〇一四）年には西武ライオンズに移籍し、開幕一軍入りを果たす。ここでは主に一塁を守った。

一塁手は送球することは少ないが、バックホームや併殺のとき、送球することがある。このとき、過去のイップスの経験からスローイングでは一つの方法を決めて固定することを実行した。

「とにかく形を決めました。肩の角度を入れて、投げやすいように少し肘を下げました」

移籍一年目は四九試合一塁を守った。失策は一だった。

森本は自著で述べる。


〈周りから違う役割を求められているなら、思いきってやってみたほうがいいでしょう。自分がやりたいことと、周りが求めていることは違うのだと知って、受け入れることができたら、人はひと回り大きくなれます〉（『気にしない。どんな逆境にも負けない心を強くする習慣』ダイヤモンド社、平成二九年）

いつもと違う役割を任されたら成長のチャンスであり、自分の選手としての可能性が広がるとも述べている。

西武二年目も開幕直後は一軍にいたが、二軍落ちとなり、なかなか一軍昇格のチャンスは回ってこなかった。体力的な衰えも、一軍のレギュラークラスの選手と比べたら感じずにはいられなかった。そのシーズン限りで引退を決めた。

平成二七（二〇一五）年九月二七日の西武プリンスドームでの楽天戦が森本の最後の出場となった。八回表からライトの守備に入ったが、このときも守備位置まで全力疾走した。ここまでは西武が三対一で勝っている。得点は変わらないまま八回裏になった。これが西武にとって最後の攻撃になる。打順は一番からである。森本は七番だからまず回ってこない筈《はず》だった。だが、選手たちは「稀哲さんまで回せ」を合言葉に猛攻撃を掛ける。さらに二点を追加し、二死一、二塁で森本に打席が回った。ナインの思いに胸を打たれ、打席に入るときには涙がとまらなくなっていた。革手袋の甲で何度も拭《ぬぐ》って、投球を待った。三球目の速球を力一杯スイングしたが、打球は三塁ゴロに終わった。それが森本最後の打席だった。

「あの瞬間ほど素晴らしい経験をさせてもらったことはないかもしれない」

森本の率直な感想である。

引退して五年余りが過ぎた。まだ年齢も四〇代に入ったばかり。小学生時代から苦悩したイップスの経験を、これからの長い人生にどう生かしていくだろうか。野球人森本のその後の生きざまを知ることも、彼の現役時代のプレー以上に興味が尽きない。

第四章

自分の写真を見たことでパター不振に

佐藤信人（プロゴルファー）

1970年生まれ。千葉県出身。薬園台高校卒業後、米国に渡り、ネバダ州立大学へ。93年に帰国してプロテストに合格。勝負強いパッティングを武器に2000年、02年と賞金王を争い、00年には平均ストローク1位にもなった。しかし、04年頃からイップスに悩まされて成績は下降。11年日本オープンで復活するまで苦しんだ。現在は名解説者として活躍中。

栄光の絶頂でイップスに

野球だけでなく、ゴルフのイップスも深刻である。むしろ、プロからアマまで含めると、ゴルフのほうがより深刻だろう。プロゴルファーでイップスに苦しんだ人も多い。佐藤信人《さとうのぶひと》は平成中期（二〇〇〇年代）に入って二度賞金王争いを繰り広げ、パットの名手とも呼ばれた。遠い距離からホールに入れる姿は、神がかりとも言われたものだ。その佐藤がイップスになり、パットが打てなくなった。イップスになったのは、些細《ささい》なきっかけからだった。

佐藤信人は誠実な人間である。そして、生真面目すぎるほどに完璧《かんぺき》主義者の面がある。そのため、たった一度のミスの原因を考えて、悩んでしまう癖をもつ。いい方向に向上心が回転し、一流プロの佐藤を作った。しかし、一方でそれが逆に向かうケースも現れる。それがイップスだった。

佐藤は平成九（一九九七）年JCBクラシック仙台《せんだい》、翌年のブリヂストンオープンを制し、平成一二（二〇〇〇）年は全日空オープン、JCBクラシック仙台、日本プロゴルフ選手権と次々に優勝し、一躍スターダムにのし上がった。二年後の平成一四（二〇〇二）年も日本プロゴルフマッチプレー選手権、フジサンケイクラシック、日本ゴルフツアー選手権で優勝、まさに勢いが止まらない状態にあった。そんな絶頂のときに、些細なきっかけでイップスが忍び寄る。

平成一四（二〇〇二）年のシーズンが終わって、オフにあるゴルフ雑誌の取材を受けた。

「当時僕はパッティングの成績がよかったので、透明のボードを作ってもらって、下から僕のストロークの写真を写す企画だった。僕がどういうストロークをしているのか、というのを見せたいということでした」

ただ、雑誌の撮影のときには、心の奥底で小さな影が過《よぎ》っていた。この年はメジャー大会で三度も優勝し、谷口徹《たにぐちとおる》と賞金王争いもして自己最高の二位にまでなった。

「ドライバーは見せるため、パットはお金のため」

全英オープンを四度制したボビー・ロックの格言は、ゴルフ界に広く伝わる。飛距離のあるドライバーがゴルフの華ならば、パットは地味だが精密機械のような細かさ、正確さを要求されるプロフェッショナル、職人芸である。そのパットで生きる佐藤も、シーズン後半でパットの調子が落ちていた。とくに、最後の何試合かのパットは自分では最悪だったという。そのときに撮影が行われた。

このとき、初めて自分のパットの癖を知った。当時はそれほど深く考えることなくストロークを打っていたが、初めて自分の下から撮られた写真を見たとき、ボールの軌道やフォームに癖があるのがわかった。打ち終わったフォローのとき内側にクラブを引いていた。

「ボール自体はまっすぐ行くのですよ。でもパターはまっすぐ引いてまっすぐ打つわけでなくて、外に引いて打ったり、内に引いて打ったりするんですね。上手《うま》い人でも結構癖があるんですよ。僕の場合、打った後に早めに内(イン)に引いていた。こんなストロークしてるから入らないんだと思った。まっすぐ出さないといけないなと思うようになったんです」

ちょうどオフの時期だったので、パットをもっとまっすぐに出さなければならないと深く考えるようになった。周囲の人に意見を求めると、「いいときでもインに引いてますよ」と言われた。そのことは自分も知らなかった。インに引くから調子を崩すんだと佐藤は思った。そこからこの打ち方を修正しなければならないと深刻に考えたのが、イップスを発症する要因となってしまった。それまで、佐藤はパッティングのストロークについて考えたことはあまり無かったのだ。

「これまでも実際によくパターは入っていましたし、もちろん苦手意識はありませんでした。むしろ得意なほうでした。それで、すぐにこう打たなきゃと考えだして調子が徐々に崩れてしまった。でも、すぐに駄目になったわけじゃないんです」

すぐに深刻なイップスになったわけではない。それなりに予選会も勝って好成績を収めていた。ただ予選を通過しても、ボールが大きく曲がったりすると、会場から帰りたいとキャディに言うときもあった。もともと、一〇球打ってもすべてが納得できるショットでなければ思い悩んでしまう性質である。結果は出していたが、プライベートでコースを回っても面白さを感じない。さらには、自分の打っている姿を人に見せたくないという心境になっていた。

実際に、試合当日でも、練習ラウンドで後続の選手たちがやって来ると、見られるのが嫌でティーショットを打たずに歩きだし、次の地点から打つこともあった。

「イップスへの一つのスイッチが入ったのは、あの写真を見たことがきっかけです。あーこんなストロークしてんだと。でも、あれを見なかったとしても、いずれは発症したと思いますね」

佐藤がそう語ったのは、おそらく一つのことに拘《こだわ》りぬく自身の性格を理解していたからだろう。ふつうのプロゴルファーだったら、何試合かパターが入らなくても、よくあることだ、仕方ないなと済ませることもある。翌日に持ち越さず、気分転換をしてプレーする。そこを気にするのも、佐藤の拘りぬく性格を表している。

芸能人とのコンペが嫌だった

さらに今になって思えば、雑誌の写真を必要以上に気にしたのにも伏線があった。

選手として全盛期にあった彼には、バラエティのゴルフ番組からオフになるとお呼びがかかるようになっていた。芸能人と一緒にゴルフを楽しむ内容である。賞金王争いをするようになると、佐藤の名前も売れる。当然そこにマスコミが寄って来る。彼はプレーそのものに打ち込み、そこで人生を送りたいという人間だ。だが、世間はそんな考え方を許さず、真摯《しんし》なプレーヤーも消費対象として考える。

オフになれば、華やかなプロゴルファーや芸能人を集めてコンペを行う。テレビ中継も行う。マイクも向けられる。それは、佐藤にとってはかなり苦痛だった。純粋にゴルフの道を追究し、人生を作り上げていきたい彼には、バラエティで脚光を浴びて目立つことは苦痛でしかなかったのだ。この二、三年、オフになるたびにそんな嫌なことが増えて、心も乱されていっていた。

「ふつうはテレビに出ていればそのうち慣れるとか、あんまり気にしないわけですよね。だけど過剰に気にしすぎる性格が、イップスを引き起こしていったのかもしれませんね」

当初は違和感にすぎなかったが、一年後、いつものようにクラブを握ると、どうも手が動き辛《づら》い。腕が動かないときもある。手に汗をべっとりとかいている。運動したときの爽《さわ》やかな汗と違って、緊張したときに出る、冷や汗に近い感触である。これがイップスの初期症状だった。

それでも、佐藤の平成一五（二〇〇三）年の成績はそれほど悪くはない。賞金ランキングは三一位に落ちたが、試合ではベストテン入りが四回ある。「マンダムルシードよみうりオープン」では二位、「ミズノオープン」では三位で、優勝争いに絡んでいたから、やはり実力はあった。だが、これまでの彼の活躍と比べれば満足できる成績ではなかった。

異色の経歴

佐藤は他のプロゴルファーと違い、異色の経歴を持っている。彼は、少年時代からプロゴルファーを目指していたわけではなかったという。会社員の父親が月に何度かゴルフをやっていたので、付き合ってゴルフをするようになった。もともと人前に出るのが苦手で、将来はサラリーマンになりたいと漠然と思う少年だった。ただ、中学生になってもゴルフをやっていたので、腕は上達した。

「運動神経は良かったですね。足も速かったから、中学では陸上部に入って、マラソン大会で優勝したりしてました。高校に入るとゴルフが面白くなった。部がなかったので、帰りに打ちっぱなしで練習してました」

一年生の夏休み、テレビ中継で高校生のゴルフトーナメントをやっていて、ジュニアの試合があることを知った。面白そうだから出場してみたいと思い、加盟申請すると翌年出場を許可される。高校二年で出た初めての試合は、関東予選をぎりぎりで通過し、決勝に行くことになった。これまでのゴルフは、周囲には大会社の社員といった大人たちばかりだったが、ここでは同年代の少年たちである。ゴルフを一緒にやる友人たちができた嬉《うれ》しさで、伸び伸びとプレーすることができた。自己ベストスコアも出して上位二〇名に入り、日本ジュニアに出場できることになった。そこでも自己ベストを出して、初出場にもかかわらず九位になる。

その後、アメリカの大学に進んだ。ゴルフ部にいて活躍すれば、奨学金をもらうことができたからだ。しかし、プロゴルファーになる気は全然なかった。大学でヨーロッパ史の授業に躓《つまず》き、留年になりそうだとわかったとき、日本でプロテストを記念受験しようと決めた。規則が変わって、誰でも受験できるようになったからである。受からなければ留年して大学を卒業し、企業に就職する予定だった。しかし、アメリカのアパートをそのままにして帰国し、プロテストを受けると合格してしまった。

「ほんとはサラリーマンになりたかったけど、テストに受かれば嬉しいし、プロゴルファーだという嬉しさで大学を中退してプロになったわけです。将来こういう選手になるとかも考えていませんでした」

佐藤は平成五（一九九三）年にプロゴルファーとして活動を始めた。彼も、当然早い時期からイップスの存在は知っていた。先輩にも症状のある人は多かったからだ。パットを「どうやって打つの」と聞かれたこともある。そのとき、彼が思ったのは「何でそんなことになっちゃうのだろう」という程度のものだった。深い意味も知らなかった。

もう一つ、彼が感じているのはイップスの定義の不確かさである。イップスは医者が診断して決めるものではない。本人の認識でイップスかどうかを決める。例えば青木功《あおきいさお》がアプローチイップスと呼ばれたが、周囲がそう言うだけで本人は認めたわけではない。佐藤は言う。

「本人がどうとらえるかという感じなんでしょうけどね。僕もイップスと言っているほうが楽だから、そう言って言い訳にしていた感じがありますね。僕はイップスだからスコア打っちゃうんだとか。人によって、イップスってよく言えるねと言われたけど、僕はそうしたほうが楽でしたから」

今更ながら、何をもってイップスというのか定義は難しい。結局は微細なものでも本人が認めれば症状になるし、深刻なものでも本人が認めなければ症状にならない。ゴルフではパターだけに症状が見られたのが、ドライバー、アプローチでも順繰りに症状が見られるようになる。ひどい人だと、ボールにすら当たらなくなるという。

井上プロコーチと二人三脚

佐藤と長年プロコーチ契約をしていたのが、井上透《とおる》だ。彼はアメリカでゴルフ理論を学び、平成九（一九九七）年から中嶋常幸《なかじまつねゆき》、米山剛《よねやまつよし》、奥田靖己《おくだせいき》プロのコーチを担当した。現在は東京大学のゴルフ部監督も務める。佐藤が平成九年の夏に井上に声を掛けたのが、二人の関係の始まりだった。プロになって五年目、技術的に伸び悩み、自分のゴルフに自信がなかったときだった。

そのときの、佐藤の印象を井上は述べる。

「技術的にも伸びしろがかなりありました。ただ自信がないということを積極的に言う人ではありました。スイングに関しても自分のこういう動きが嫌いだとすごくはっきりと言う人で、プロにしては珍しい気質の選手だと思いました」

井上は、サラリーマンになったら出世できたタイプの人かなとも言った。当時のバブル世代に活躍した選手たちは、積極的にプロになりたいと思う者が多かった。その点、学業とゴルフを両立した佐藤は極めて珍しいと言える。

「僕と一緒にやって、すぐ賞金王争いをして、平成一二（二〇〇〇）年くらいまでは本当に日本のトップ中のトップでしたね」

人間的にも誠実で、人当たりもよく素晴らしい。それが佐藤というゴルファーだった。

平成一六（二〇〇四）年、佐藤は予選を突破して欧州ツアーに参加した。このときは、伸び伸びとプレーして力を発揮した。予選会では好調だった。イップスに悩んだ不調が嘘のようにショットが決まり、難なく予選突破を決めたのだ。佐藤はそのときを思い出して笑う。

「ヨーロピアン・ツアー行きも、表向きは海外ツアーにチャレンジするためだったのですが、じつはこのとき芸能人の集まる大きなゴルフの大会から声が掛かっていた。僕は嫌で嫌で。でも出なきゃいけないわけですよ。それでスケジュールを調べたら予選会と重なっていたんです。よし、海外挑戦だと、予選を受けるという名目で芸能人コンペをキャンセルしたんです」

そのような目的のため、予選で勝とうが負けようがどちらでもよかったのだ。ところが、ノープレッシャーだったため、技術が冴えまくった。スムーズに予選突破をし、念願の海外ツアーに行けることになった。イップスで腕は重かったが難なく勝ち上がった。通過すればもちろん嬉しい。

海外ツアーでは、一つだけ二位になった大会があった。そこでシード権が取れて、二年続けてヨーロッパで戦うことができた。

だが、いざヨーロッパに行けば、信頼するコーチの井上はいないので、何もかも一人で行動しなければならない。不慣れな環境で力を発揮することはできなかった。

コーチの井上は、当時の思い出を語る。

「一番のターニングポイントはヨーロピアン・ツアーに行ったところですね。それまでの佐藤さんは自分で考えるというより、〝こういうふうにやったらいいですね〟〝ああ、それいいね〟というように受け身な点がありました。僕の提案にトライして、良ければそれでOKみたいな選手でした。凄《すご》く高いレベルでコーチと選手が信頼関係を築いていたと思います」

井上の提案を信じて、それを十分に理解し、プレーで発揮する。その師弟のいい距離感が佐藤の好調の要因だった。

佐藤自身も「技術的には常に何かしら井上さんと課題を持って、相談しながらやっていました」と全幅の信頼を寄せる。

だが、ヨーロッパにツアーに行ったことで、井上と直接会って指導を受けることができなくなった。ツアーは何か月も続く。

佐藤は電話で井上と連絡を取りながら助言を求めた。けれども、日本とヨーロッパの距離には精神的な距離という部分もかなりある。こういうテーマでやっていこうと決めても、実際にコーチが常に傍にいない状況は不安を呼び、プレーに影響を及ぼす。

海外ツアーでは自らの意思で判断し、選択をしなければならない。それは、佐藤にとってかつてない体験だった。その一例が、選手たちの練習風景である。ツアーでは、一流の選手たちが各自の練習方法で調整し、試合に臨む。それは、選手たちからいろいろな技術を吸収できる機会でもあるが、自分のプレースタイルにあった取捨選択を行い、自分のものとして生かすことが前提である。しかし、佐藤はすべてを見て、そのままいいものを吸収しようとした。

井上は述べる。

「佐藤プロは、ツアーでもパターが一番上手い選手なんです。そのスタイルは打ち方がいいというより、読みであったり、感性が素晴らしく優れています。それが彼のオリジナルな良さであり、佐藤信人スタイルなのです。だから、僕は打ち方を変更しようとは絶対に言いませんでした」

ところが、ヨーロッパでは井上もおらず、佐藤が一人でプレーするとき、情報を遮断する人がいなかった。あの選手の打ち方もいいぞ、この選手の打ち方もいいぞと佐藤は思った。コーチは情報も入れるが、この選手にはこの情報はいらないという、制限をするためのフィルターの役目も負う。情報は必要だが、それは人によって不要な場合もある。パターのナンバーワンである佐藤には、新たな情報は必要では無かった。むしろ遮断することに意味があった。

「ある意味、情報に対してフィルターがない状態になったわけですね。そこに情報が非常にたくさん入って来て、新たなテーマをはじめ、多くのものが入る余地が生まれてしまった」

井上は言う。一言でいえば情報統制ができなかったということだ。一年後、ツアーから戻って来た佐藤を見たとき、井上はパターがずいぶん落ちたなと思ったという。

佐藤もこのように言う。

「僕は井上さんとべったりというか、常に見てもらって試合に臨んでいましたからね。電話ではしょっちゅうやりとりしていましたが、二年目のツアーのときは一人でやっているとスイングが壊れちゃうと思ったら気持ちが悪くなって、いったん撤退しました」

ツアー途中だったが、国内に帰ってもう一度立て直すことに決めた。海外ツアーでは「カタール・マスターズ」の二位が最高であった。

破滅の方向に自転車を漕ぐ

国内に戻って日本ツアーに復帰すると、「ウッドワンオープン広島」で三位になったのが最高位だった。平成一八（二〇〇六）年には賞金ランキングで八〇位まで落ち、賞金シードを失った。

イップスになった佐藤は、まず技術的な方向で治そうとした。悩んではいたが、メンタル的なアプローチは受け付けなかった。宗教的な臭いもしたし、書店に自己啓発本とかポジテイブシンキングの本がいっぱい並んでいても、毛嫌いして読みたくないと思ったからだ。悩む自分の姿を改めて見せつけられる思いもした。

「破滅の方向に自転車を一生懸命漕《こ》いでいるって感じでしたね。殻に閉じこもって。明るい未来に行こうという感じもなくてねえ。なんか駄目なほうに行くのが楽な気もしましてね」

いい本があれば読んで前向きになろうとか、いい先生から教えを受けようとか、先輩からアドバイスをもらおうとか、そういう発想すら面倒臭くなった。それだけ気持ちが沈んでいたということかもしれない。

それでも、いざ試合になると気持ちを入れ替えて頑張った。最初はまっすぐ打てるな、調子いいぞという感覚になっても、途中でショットが一発曲がると、敏感に反応してしまい、そこから調子が乱れて、崩れていくパターンだった。今日も駄目だったと、その帰りは練習もせずにホテルに籠《こも》って、コンビニで買った弁当を食べて人と会わないようにする。翌日は、試合会場で練習している姿を見られるのが嫌だから、近所の空いている場所を探して誰にも見られないように練習し、ゴルフ場に着いたらすぐに試合が始まるというスタイルだった。

それには理由があった。

「僕のスイングは、ぐっと沈み込んで打つ癖があったんです。だから佐藤信人の真似してみろと言うと、皆《みんな》そういうふうに真似するわけですよ。僕は自分のスイングが好きじゃなくてね。沈み込まないシンプルなスイングに憧《あこが》れていたのです。自分の顔のここが嫌だから写真に写るの嫌だとか、そういうのと一緒でしょう」

家に戻っても、妻とはあえてゴルフの話はしないようにしていた。だが、暗い雰囲気を持って帰っていたから、妻も気づいて心配していただろうと想像する。

「どん底で参っているときに、妻も〝あのときああすれば〟というのも気を遣って、言わなかったですね。そういう話にもなりませんでした」

調子が悪い時期は、試合が終わって車を運転して帰るとき、このままガードレールに突っ込もうかなと思うこともあった。いつしか鬱《うつ》状態になり、ときにいい心理状態はあっても、ゴルフをやればまた落ち込む。家族もあり、これからどうやって生活するか経済的な心配もあった。

周囲からは「お前はいい奴だからイップスになるんだ」と言われもした。人格的にいいと言われる者を襲うのもイップスなのである。

だが、佐藤は決してゴルフの道を諦《あきら》めなかった。

「でもね、いいスコアで回りたいという気持ちはある。いい成績も出したい願望がある。だからゴルフを辞めようとはしないんですね」

それが、彼のプロたる所以でもあった。いい人ゆえの、物事にまっしぐらに取り組む粘り腰があったのである。

イップスの経験の中で気づいたこともある。後に、彼はアプローチでもイップスになるが、きれいな人工芝のあるフェアウエイのような場所では上手く打てない。深い森林があったり、バンカーがあったりしたほうがよく打てる。誰もがよい場所だねというところでは、意外と失敗する。

これは、野球でも余裕のあるときに送球ミスをするのとよく似ている。間ができて考える選択肢があるとミスをするというイップス特有の性質は、ゴルフでも同じだった。

「イップスというのは毎回手が震えて動かないわけではなくて、ふっとしたときに出るんです。スムーズに芯《しん》にヒットして、今の気持ち良かったと思った次の瞬間に腕が動かなくなったりとか。動かないからお終《しま》いだと思ったら、その後意外と平気になったりするんです」

イップスは、ぎっくり腰のように急にやって来ることもわかった。

イップス＝鬱ではない

佐藤の場合は、イップスという症状と、そこに深刻な心理的問題が重なってしまった。イップスはゴルフを行うときに支障が出てくる症状だが、それはパターが上手く打てない、腕が固まるという技術的なものが本来の姿である。そこに加えて深刻な心的状況が出てきたが、これはイップスとは別次元の問題である。

佐藤はイップスと鬱的な症状を同時に発症したと言える。コーチとしてこの点を明確に区分して助言しないと、症状は余計に混乱してしまう。この見極めが大事なのである。井上自身も、イップスの選手と初めて長期的に向き合った経験だった。試行錯誤が続いた。

井上は言う。

「イップスと鬱というのは全然イコールではない。イップスはゴルフをやるときに発動する症状です。ゴルフのイップスになった選手を見ますと、鬱的症状を発動しなくてもイップスになります。佐藤プロはイップスと鬱、二つあったんです」

佐藤の場合はレアケースで、イップスの後に鬱的症状が出て、後者が重くなってしまったと見る。彼の精神的症状の原因は、イップスそのもののダメージではないとも、井上は分析する。

実際、試合の日に会場の外で練習場を見つけたこともあったし、ギャラリーに自分の打っている姿も見られたくないので、キャディに後ろから自分を隠すように頼んだこともあった。

「自分のスイングが嫌いなんです。〝見ろ、俺〟というタイプじゃなくて、見られるのが恥ずかしくて仕方がない。俺を見ても仕方がないよという感じでした」

ここらは鬱的症状である。まず、イップスはイップスとして症状に対処する。当初、佐藤はパットの上手さはプロ中のプロなので余計な情報を入れて迷わないようにした。この打ち方がいい、この打ち方にすべきではという情報を遮断した。それが上手く行かなくなると、佐藤にとって必要な技術の情報を提供した。このあたりがコーチとして思考すべき部分だが、情報を提供したり、抜いたりの繰り返しだった。

情報提供にしても、いろいろな方法がある。井上は二つの方法を考えた。一つは論理的解決、もう一つは感覚的な解決の方法である。それは佐藤のパッティングの個性と関連する。佐藤はきれいなフォームで打つ選手というより、読み、感覚に優れたパットの名手である。この性質を生かさなければならない。

「論理的にというのは、打ち方としてこれがいいのだ、いやこちらがいいということで、アメリカ型指導とも言えるかなあ。いやこれでは佐藤さんの症状は緩和されないということで、打ち方よりターゲットを見ながら打つというフィーリング的、感覚的な指導を模索しながらやりました」

その一方で、佐藤もパターの握りをクロスハンドにしてみたり、長尺パターという通常よりも長いパターを使ったりと、ありとあらゆる方法を試みた。彼も井上任せでなく、自分から「こんな方法をやろうと思う」と提案し、「いいんじゃないですか」と情報交換も密にした。すでにイップスは発症している後だから、これがいいと考えて、駄目なら別の方法という、「トライ・アンド・エラー」を繰り返すしかなかった。なかなか成果は出ない。瞬間的に良くなっても、一度失敗すると脳でイップスというスイッチが押されてしまい、新しく作ったイメージが消され、体が動かなくなる。井上は、彼を「いつでもイップスのボタンを押せる状態」と呼ぶ。

泥沼の中をもがきながら

井上は回想する。

「脳の回路に喩《たと》えますと、ある別の回路を使っているとき、最初はいいんです。でもその別の回路もすぐに腐ってしまう。どんどん別の回路を使って、どの回路が使えるのか探っている状態でした」

一度イップスのボタンが押されると、今まで使った回路は死滅した状態になる。すると、別の方法で回路を繋《つな》ぐ。それがグリップの握り方であったり、長尺パター、中尺パターとまったく違うクラブを使うことであったりする。やがて新しく生み出した方法も、早い段階で駄目になるようになった。別の方法、それが死滅する。また別の方法を試してもイップスの症状が進むとともに、効果が持続せず、駄目になるサイクルが早くなってしまった。

「僕らコーチは選手の症状を共有しているから、凄く悩みましたね。でも自分が同じテンションで佐藤さんに接してしまうと、彼を引き上げられない。明るく振舞ったり、大丈夫と何度も言って、一緒に沈まないようにしていました」

この二人の関係を、車体と運転手に井上は喩えた。

「タイガー・ウッズがスイングを改造しても上手いのは、スイングがいいからタイガー・ウッズが上手くなったのではないんです。タイガー・ウッズそのものが上手いから、このスイングを使いこなせている状態なんです。このスイングを車だとすると、ウッズが車を乗りこなしているというイメージなのです」

佐藤にとっても、その仕組みは同様である。佐藤はじつにゴルフ力の高い選手である。だから頂点を極めた時代には、井上の技術的な助言を採り入れ、より高い技術のスイングを使いこなせた。ところが、イップスになって不調になると、井上の提案するスイング技術よりも彼のゴルフ力が低下してしまった。井上が技術という車体を組んで、佐藤が乗っていたこれまでと違って、乗りこなせなくなった。井上はこれでもかと、佐藤が乗れそうな車体に改造する。練習場ではいくらでもいいショットを打てるが、本番ではそうはいかない。本番では乗りこなせない。

ゴルフ力のある選手は少々車体が傾いても調整して乗りこなす。自分のイメージしない球を打っても、いいスコアでまとめる。いい乗り手だと難なくできる。それが好調時の佐藤だった。

「コーチと選手というのは、車体を作る人と乗り手という関係だと思います。技術というのはいくらでも直せるし、いくらでもいい球を打たせることができる。でも、乗り手そのものに問題が発生したときにスイングを直すとかでは上手く行かない」

乗り手そのものの問題というのは、佐藤の心的状態である。井上は自分の車体整備をする力の問題もあったが、と唇を嚙《か》んだ。イップスになった場合、いつしかゴルフ界から消えるというケースも多い。しかし、佐藤はそれでも試合に出続け、シード権を取っていた。凄《すさ》まじい粘りの人と言える。コーチは結果を出してなんぼの世界だが、佐藤は本来の結果を出せない自分を責めた。互いに自分を責めながらも、互いを信頼していた。

井上は佐藤の本来の実力をこう評する。

「一番好調なときのプレーというのは、何を打ってもドローしかないのですが、その一つのパターンを作るのがとても上手な選手なんです。この球しか出ないという球を常に打ち続けることができる、ある車体をまっすぐ乗ることが超得意な選手なんですよ」

ドローとはドローボールといい、落下する直前に利き手と逆の方向に少し曲がった軌道を描く。芯で捉《とら》えているから飛距離が出やすく、風にも左右されない。ゴルファーにとって理想的な打ち方である。そんな煌《きら》めくショットを打つ佐藤の姿が、井上の脳裏に生きていた。

二人は泥沼の中をもがきながらも、栄光も挫折《ざせつ》も一緒に味わい、最後まで一緒にいた戦友だったといえる。

「今思えば、コーチとしてとても成長できたと思う。選手の深い悩みから一緒に脱出しようともがいた時間で、僕も苦しかったですが、あの佐藤さんとの時間があったから、若手のプロへの指導、すべてのゴルファーの指導にこのときの経験は生かされていますね。一緒にやれたのはすごく幸せだったし、本当に大変だったけど、勉強になって感謝しています」

これが、井上の心境である。

日本オープンで優勝争い

イップスの深みに嵌《はま》っても、ゴルフを続けるのが佐藤の生き方だ。平成一八（二〇〇六）年に賞金ランクは八〇位まで落ちたが、一九（二〇〇七）年には井上との連携もあってショットの精度も良くなり、四八位までランクを戻した。

そして、所属のミズノを通して著名なメンタルトレーナーの指導も受け、定期的に助言をもらった。実際に練習にも立ち会ってくれたという。もとより、練習では普段通りに打つことができた。そのトレーナーは「試合は練習のように打ち、練習は試合のように打て」と、助言した。持病だった腰痛も治った。

徐々に精神的にも明るさが戻った。平成二三（二〇一一）年に妻が妊娠したことがわかった。二人にとって初めての子供になる。生活の問題がさらに大きくなったが、このとき知人から九州のゴルフ場の支配人をやらないかという話を貰《もら》った。一〇月に行われる日本オープンを控えたときだった。

「支配人の話を頂いて、これでほっとしましてね。少なくとも来年は仕事があって給料が貰えると。だから日本オープンは引退試合のつもりでした。成績はどうでもよかったわけですよ。するとノープレッシャーだから腕が動くようになったんです」

平成二三年度の日本オープンゴルフ選手権競技（日本オープン）は、一〇月一三日から一六日まで千葉県鷹之台《たかのだい》カンツリー倶楽部《くらぶ》で行われた。

佐藤にとって久しぶりの大舞台でもあったし、気持ちの張りもあった。欠場している間に精神のリフレッシュもできていた。心理的に問題が無かったのである。表情も明るくなった佐藤の姿があった。

いざ試合が始まれば、あれほど自分を苦しめたパットは嘘のように決まった。二日目に九位タイから三位に上がると、三日目はさらに勢いがついた。とくに前半の五、六番で連続バーディを決め、後半も二バーディ、一ボギーとして、六アンダーパーで待望の単独首位に立った。佐藤は自分でもいいゴルフをしたという実感があった。

その夜、NHKの「サンデースポーツ」から「明日優勝したら、夜に生出演お願いしますね」と打診もあった。表舞台に出たくない彼は嫌だなとも思ったが、以前ほど重く感じなくなっていた。

最終日も久しぶりの優勝争いを演じているにもかかわらず、前半までは二ボギーにおさめて首位をキープした。だが後半はさすがに優勝を意識して、イップス的な症状が出た。三番ボギー、七番ボギー、一〇番ダブルボギーを叩《たた》いてしまう。結局優勝を逃したが、粘った末に単独三位という好結果を手にした。

「手に少し症状が出ましたが、パニックになることもなく、あーそういうものなんだと受け入れていました」

佐藤は千葉県幕張《まくはり》の出身ということもあり、地元のファンが多く集まり、大きな声援を送った。単独三位の賞金は一五四〇万円である。引退するつもりだったが、ここでシード権も得て、翌年も試合に出られるようになった。彼は、支配人の道より選手としての生き方を選んだ。その後、平成二六（二〇一四）年まで現役を続け、以後はテレビの解説に活躍の場を移している。その間も並行して小さな試合には出続け、優勝争いやプレーオフにも出場したが、解説の仕事を優先した。テレビのほうが定期的な収入があるという点もあるが、彼の解説は評判がよく、人気解説者になったことにも理由がある。ただ、井上は今も言う。

「僕は今でも佐藤さんはやる気になれば、十分行けるのではないかと思っています。『ゴルフネットワーク』で人気解説者として知られるようになった佐藤プロが試合に出たら、今でも大活躍すると信じています」

人が喜んでくれるプレーをしたい

井上には、佐藤のプレーで忘れられない光景がある。平成一二（二〇〇〇）年の日本プロゴルフ選手権大会のことだった。インパクトで佐藤は体が沈み込んでしまう欠点があったが、井上はグリップを改良することで、修正しようとした。そのような思いで一年取り組んでいた。

最終日、単独首位に立った佐藤は東聡《ひがしさとし》と優勝争いをしていた。天気の雲行きは当初から怪しかったが、一六時過ぎに雷雨となりプレーは中断された。いつ再開されるかわからない天候で、佐藤は辛抱強くストレッチを繰り返した。試合終盤の中断は心理的なコンディションの維持も難しい。だが、彼は腐らずに平静を保った。

雨も小降りとなって一六時三五分にプレーは再開された。佐藤は残り一六七ヤードの距離をピン三〇センチまで寄せた一打で、バーディを取った。これが効いて、佐藤は初めてメジャー大会で優勝する。

「雷雨中断の後のショットで、バチンとOKのバーディを取って勝ったんですけど、本当に感動しましたね。あれだけ休みがあって、その次のショットで、あの最難関ホールでそれができるなんて」

井上は、今目の前で佐藤の麗しいほどのショットを見ているかのように目を輝かせた。

佐藤もこのショットをよく覚えていた。

「あれはね、雷中断がありましてね。一五番のセカンドショットからだったんですが、グリーンの手前にクリークが流れてシビアなショットだったんですよ。サスペンデッドがあって、再開一発目がその難しいクリーク越えのショットでした。それを上手くピンの近くにつけて。あのショットが優勝に繋がりましたから、よく覚えていますね」

この四月に彼は結婚したばかりだから、思いもひとしおだったに違いない。井上も佐藤も同じ場面を挙げた点に、コーチと選手の信頼の厚さを見ることもできる。

佐藤は「それと……」と平成一四（二〇〇二）年のフジサンケイクラシックを挙げた。佐藤は二日目から首位に立ったが、最終日は不調で苦しんだ。通算八アンダーで並んだS・レイコックとプレーオフになったが、二ホール目で勝負を決めた。

「あれ勝ったときに、ギャラリーが感動して泣きながら、ありがとうとか良かったねとか言ってくれたんです。それはプロゴルファー冥利《みょうり》に尽きると思いました。他人が喜んでくれるのが何より一番いいなと思うんです」

解説をしていても、自分が上手く喋《しゃべ》れたかどうかでなく、見ている人にこの間の解説は良かったと言ってもらえた方が嬉しい、他人が楽しかったということに重点を置きたいという。

佐藤の表情は明るい。現在五一歳、解説者としてもこれからさらに力が漲《みなぎ》る年齢である。ゴルフ界での立場も重くなっていくことだろう。三〇代で襲われた深刻なイップスの経験は、彼にとってどのような意味を持っているのだろうか。

「これはもう、選手としてならないに越したことはないんでしょうけどねえ。僕はね、なって良かったと思っているんです。ゴルフのイップスの苦しみって、他のスポーツでも同じだし、他の職業だとイップスではないけど、悩みや苦しみは同じなわけです。

がん患者さんにしてもそうだと思います。僕らは命の瀬戸際に立たされたわけではないですから、がんの人たちより軽いと思いますが、なっていく過程や、そこから道を開いていくところは似ているのではないかと思います。命のありがたみを知って、味わった世界があって、がんになって良かったと言われる方もいる。

イップスも、選手として稼げなくなるといった不安はありますが、ある程度のラインまで来たら、なって良かったとたぶん思うのではないでしょうか。人間として得たものが大きいというか、成長したというか、深みが出たというか。他人への思いやりが出たと思うんです。

だから今悩んでいる選手には、そんなに悪いものでもないよと言ってやりたい」

そのような人生観を淡々と語る佐藤の表情から、人生を突き抜け、一回り大きくなった者の持つ余裕が伝わってきた。

第五章
パターする腕に電気が走った
横田真一（プロゴルファー）

1972年生まれ。東京都出身。茨城県水城高校、専修大学卒業。95年にツアーデビュー。97年に全日空オープンで初優勝を飾る。2005年、06年は日本ゴルフツアー機構の選手会長を務めた。その後不振に陥るが、10年のキヤノンオープンで13年ぶりに優勝。40歳をすぎてから順天堂大学大学院医学研究科に入学。

腕に電気が走った！

横田真一《よこたしんいち》は小技の名手の異名を取り、球を操ったら天下一品と言われていた。そのテクニックの高い水準は、日本ゴルフ界でも屈指のものと評される。横田のゴルフ歴は長く、頭角を現すのも人一倍早かった。昭和四七（一九七二）年生まれの彼は、父親の影響で八歳のときゴルフを始めた。すでに天才少年との呼び声も高く、専修大学三年で日本オープンに参加し、ローアマチュアと呼ばれるプロの大会で活躍するアマ選手として脚光を浴びた。周囲から「アプローチは天才的」とまで言われたのも、この頃である。

平成五（一九九三）年にプロテストに合格、六（一九九四）年にプロに転向し、翌年にはシード権を獲得した。以後トッププロの地位にあり、九（一九九七）年に二五歳で全日空オープンで初優勝を飾った。

ところが、そんな彼をアプローチイップスが襲った。以後低迷の時期が続くが、彼は見事に復活を果たし、イップスの経験を研究対象として、順天堂大学大学院医学研究科の修士課程で学び、「プロゴルファーにおける自律神経とパフォーマンスの関係」という修士論文も提出した。彼のイップスの経験を追うことで、一人のアスリートが研究者を志すまでの過程を追いたい。

プロゴルファーとして活躍中の横田を突然イップスが襲ったのは、平成一六（二〇〇四）年五月二〇日から二三日に行われた、マンシングウェアオープンKSBカップ（岡山県）だった。二一日に横田はJ・M・シンと並び首位に立った。三日目も三位をキープする。翌日の最終日だった。この日は練習でも絶好調で、試合でもその調子は維持された。ショットが好調で、優勝できると思っていた矢先に異変は起こった。二番の上りのパットを打とうと、パターのヘッドを下ろしたときだった。彼の腕に電気が走るような感覚があった。

ダウンスイングに入ったときに、高圧電流が体中に流され、筋肉が萎縮《いしゅく》するような、固まったような感覚である。ゴルフ界ではイップスをこう表現する。治療院などで筋肉に強い電気を流されるときの状態にも似ているという。この電気が走ったとき、腕は硬直して打てなくなってしまう。

このため、横田は七〇センチのバーディパットが成功せず、以後も上りのパットになるたびに電気が走ってパットが止まった。前年のツアー部門別データの平均パットランキングが三位の選手に起こったのである。

「頂点に行きそうになった翌年のことだったからねえ」

横田は静かな口調で語った。ただ優勝争いを演じていたから、プレッシャーで「もしや」という予感もあったという。一番ホールでもじつは何となく電気が走っているなという感覚があった。二メートルほどの上りのバーディパットだった。少し電気が走ったので、いったん腕が止まってから再度打った。力の加減が強くなり、目標より一・五メートル先に行ってしまった。

「ダウンスイングでウッと止まっちゃった。止まったのをもう一回バーンとやっちゃったんですよ。だから遠くへ打ってしまった」

次は下りになったので、腕は止まったが何とか上手《うま》く打てた。しかし二番ホールで躓《つまず》いた。

今度は再び上り坂だったが、ここで電気が過度に走った。

「今度は一メートル二〇ぐらいのバーディパットでしたが、明らかにダウンスイングでヘッドが止まって、右に外れました。上りのスライスが駄目で、ヘッドが止まるものだから必ず右に飛ぶ。それも飛ばない感じで右に行くのです。このとき、うわあ電気が来ちゃってると自覚しました」

なぜ、このときにイップスが起こってしまったのか。明確にわかる筈《はず》もないが、何となく予兆みたいなものはあったという。

「やっぱり過度に緊張したからじゃないですか。いきなり来たのは事実ですが、誰でもパットで〝電気が走る〟と言うのですよ。そういうのは誰しも持っているんですね。僕もそれなりにあったけど、優勝争いという神経が研ぎ澄まされた状況でまともに起こってしまった」

横田はここで崩れ、三五位に終わった。

もうパパは終わったかもしれないよ

このとき一緒に回ったのは、谷口徹と片山晋呉《かたやましんご》だった。二人は横田がパットを打つときは、顔を背け、まともに見ようとしなかった。横田のイップスが自分に移りそうな感じがして嫌だったからである。同時に、横田が上り五〇センチのパットを一回仕切り直したときは、ギャラリーで笑う人もいた。その笑い声も聞こえた。

「だって五〇センチのパットを外すと思わないでしょう。ふざけていると思ったんじゃないですかね」

谷口も片山もプロだから、横田のいつもと違う澱《よど》んだストロークを見て、電気が走っていると直感した。やばいな、彼に来ちゃってると思いながらも、口に出すことは無かった。それを口に出すことは、紳士協定で絶対にやってはならない行為だった。それは、人生を賭《か》けてゴルフをやるプロには一番言われたくない言葉であることを、選手たちは知っているからである。谷口は一八番でやっと声を掛けて来た。

「そんなのちっぽけなことやで。あのでっかい海を見ろや」

それだけ言うのが精一杯だったのである。

試合が終わってパッティンググリーンに一人で行って、打ってみた。試合ではあれほど腕が固まっていたのに、いつもどおりに自由に打つことができた。

「こんなにリラックスしてれば動く筈だよな」

横田は無人のグリーンで呟《つぶや》いた。

横田は、イップスを料理での「塩の匙《さじ》加減」に似ていると言う。味付けで塩を入れる。この加減がちょうどいいときに味は良くなる。しかし欲張ってさらに塩を増やすと、味は一気に落ちる。その加減がじつに難しい。

ゴルフクラブを削るのも同じで、次第に自分の手にフィットしている感じになっても、さらに完璧《かんぺき》を求めていくと削り過ぎてしまう。そんな欲張った望みがイップスを引き起こすのではないかとも思う。

「パットを削り過ぎたがためにドンと調子が落ちるようなものです。イップスが一日にして訪れた。だから諦《あきら》めがつくといえばつくのですが……」

この症状が一過性で終わってくれれば大事に至らない筈だった。

だが翌日、歌手の五木《いつき》ひろしのコンペに出場したときに決定的な事態を迎えてしまった。

「ここで駄目だったら完全に終わりだなと思ったんです」

横田は言う。今回は芸能人のコンペだから試合ではない。緊張もそれほどしない。にもかかわらず、そこで腕が固まれば完全なイップスということになる。その日、朝から一メートルほどの上りのパットを打つときだった。打った瞬間、手に再び電気が走って外してしまった。イップスは一過性の不調ではなく、症状として確実に自分を襲った。このとき、もう自分のゴルフ人生は終わったと思った。

売店に行くと、尾崎直道《おざきなおみち》に会った。横田は率直に状況を吐露した。

「僕にもとうとう（電気が）来ちゃいましたよ」

ゴルフでは、イップスに罹《かか》るとみな、電気が走ると表現する。丸山茂樹《まるやましげき》がショットの不調で「イップスのように電気が走る」と表現したし、同じくパッティングイップスに苦しんだ田島創志《たじまそうし》も「構えたら電気が走る」と語った。

宮里優作《ゆうさく》もコーチである父親（宮里優《まさる》）に、イップスについて「パットを打つとき電気が走る。違和感もある」と伝えている。イップスというストレートな表現を使わなくても「電気が走った」という言葉で、症状は相手にわかる。野球ではイップスを「奴ら」と言う人がいるように、スポーツによってイップスの隠語も異なる。

横田の言葉を聞いた尾崎は、「何が来たのか」を理解した。静かに頷《うなず》くと、長尺パターの真似をして、「お前、これがあるよ」と言ってくれた。長尺パターは一般のパターよりも長く、安定して打てるという特色がある。ふつうのパターは三四インチほどだが、長尺パターは四八インチほどある。イップスで腕が固まっても、長いグリップのパターを使うことで、体に当て、そこを支点にしてパターを振り子運動させながら打つ。体でパターを固定できるので、安定して打てるのである。この打ち方をアンカリングという（注：平成二八（二〇一六）年以降アンカリングは禁止）。

とはいえ、長尺パターを使うのは本来の自分のゴルフではない。もう終わった。横田は何度もその現実を突きつけられて、駐車場の車の中で泣いた。

携帯電話で妻と子供に電話をして、「もうパパは終わったかもしれないよ」と伝えた。話しながら涙が溢《あふ》れて仕方がなかった。

「ゴルフ人生で泣いたのは初めてだったんじゃないかと思います」

横田はそう語った。

アプローチイップスもあった

じつは、横田はこれ以前にも軽いイップスに罹ったことがあった。学生時代からアプローチは天才的だと評価されてきたが、ナショナルチームに入ったときに、周囲から「グリップが変な形をしている。なんで親指を伸ばして握っているんだ」と指摘されたことがきっかけだ。左手の親指を伸ばすロングサムという握り方だが、それが気になってショートサムに変えた。左手親指を縮めた状態でグリップを握る方法である。

ところが、グリップの握りを変えてから徐々にアプローチの調子が落ちた。平成九（一九九七）年に全日空オープンで初優勝した後、軽いイップスになった。アプローチイップスである。

サンドウェッジという、主にバンカーから打つためのクラブを使うとき、ダフリ（ボールの手前の芝や砂を打つこと）がひどくなり、思い通りに打てる確信が持てなくなった。四番アイアンに代えて転がそうとしたが、手が動かず、一〇センチほどしか飛ばないときもあった。

横田も若かったので克服方法がわからず、手当たり次第に先輩プロへ尋ねた。全部で六〇人くらいのプロに聞いた。ある先輩は「カットに打て」、ある人は「インサイドに打て」、あるいは「緩く握れ」「ヘッドアップしろ」「ボールをよく見ろ」「ノーコックで打て」「コックを入れろ」。助言は様々で、一つとして同じものは無かった。人によっては正反対の内容を言われることもあって、かえって混乱するばかりだった。尾崎健夫《たてお》には「お前、いいライ（球のある場所の状態）で練習しろ」と言われた。片山には「先輩、そんないいライでばっかり打っているから駄目なんですよ」と言われる始末だった。

横田はイップスの入り口は技術的な原因だと思っていたが、これだけ多様な助言があることが示すように、克服方法は一つではないと知った。

「どれもわかるんです。専門家の言っていることに〝それは無理〟というのはないんです」すべてを聞いてすべてを実行すると、混乱するばかりだ。結局、すべてのアドバイスを捨てて自分の感覚を大切にしようと決めた。そのとき、グリップも自分にしっくりくるものを選んだ。そうするとボールがカップに寄っていくイメージが浮かび、イップスが治っていくのがわかった。

ジャンボ尾崎こと尾崎将司《まさし》の技術的な助言も効いた。彼はバックスイングのときに後ろに大きな木があると仮定し、その木に当たらないように打ってみたらと言ってくれた。横田はその言葉で、アプローチの基本である「振りを小さく、そして速く打つこと」のイメージを描くことができるようになった。

彼のアプローチイップス発症のトリガー（ひきがね）となったのは、「なぜ親指を伸ばすんだ」と言う周りの言葉だった。

とはいえ、彼は細かい事柄を気にする性格ではない。横田は自分の性格を分析する。

「僕は完璧主義ではないですよ。超いい加減ですよ。きめ細かいといえばそういうところもあるけど、いい加減ですよ。気が向くか向かないかというのもあるし。気が向いたところは完璧主義かもしれないけど、かなりおおざっぱです」

アプローチイップスも、気が向いた方向だったから、その一言にとらわれてしまったのだろう。

その後、横田は小技の名手と異名をとるようになるが、本人に言わせれば、アプローチイップスは今でも完全に消えていないという。

超一流はイップスにならない

イップスに関連して思い出されるのが、プロになったばかりの頃、尾崎将司に酒の席で説教された言葉である。尾崎は横田に言った。

「お前は器用貧乏だ。いろんなことにアジャスト（調整）できるけど、超一流というのは、同じことを何べんも繰り返しできなきゃいけない。お前は健夫と一緒だよ」

健夫とは尾崎の弟、尾崎健夫である。彼は優勝回数一五回で兄には敵《かな》わないが、一流のプロゴルファーである。彼も非常に器用で、何でも上手にできるのだという。横田は、そこから単純作業の繰り返しでイップスを克服できるのではないかとも考えた。それができるのが超一流だとすれば、確かに超一流と呼ばれる選手はイップスになっていない。

横田のことを技のデパートと呼ぶ人も多いが、彼はプレー中にもいろんなアイディアが浮かぶ。その成果の一つがアメリカのＰＧＡツアー（米国を中心に展開する名実ともに世界一のゴルフツアー）にもない、日本記録の八三ホール連続ノーボギーである。一回のトーナメントは七二ホールだから、複数のトーナメントにわたって作り上げたことになる。

「一応小技は上手かったと思うんですね。連続ノーボギーの記録も、どんなライからも寄せたからだと思うんです。でもね、これが捨てるときには捨てるという発想には結びついていないんです。要はいかにシンプルにやるかということなんです」

海老《えび》原清治《はらせいじ》というプロゴルファーがいる。昭和二四（一九四九）年生まれのベテランだが、日本人として初めてヨーロピアンシニアツアーの賞金王になった選手である。海老原は横田にこう助言した。

「お前、パターというのは考えるな。ポンと打ちゃあいいんだから」

これもシンプルを具現化した考えだろう。

横田は自分のパターンを分析する。

「僕は一個一個のシチュエーションに対応してしまう。もうこのライからは寄らないよなという所でも、無理やりヘッドスピードをバンと上げたりして、いろんな特殊な打ち方をして、テクニックを駆使して寄せようとするんです」

ところが、彼の水城《すいじょう》高校の一年後輩でもある片山晋呉は違っている。彼は尾崎将司、青木功に次ぐ三人目の三年連続賞金王を獲得し、現在四〇代で日本唯一の永久シード権を持っている。この二〇数年では一番のレジェンドである。

片山は、もうこのライから寄らないほうがいいと判断したら、無理に寄せることをせず、諦めてしまう。横田はいつもと違う打ち方に変えて対応しようとするが、片山はそうはしない。とにかく、彼はいつもの自分のスイングから逸脱することを嫌う。これがシンプルに徹することの一例である。選択肢が多いとイップスを発症するのだ。

ある日、横田は脳科学についてのテレビ番組を見る。ヨーロッパの脳科学の研究者が集まって、ヨーロッパのいろいろな種目の金メダリストや超一流ミュージシャンのニューロンの研究を行う内容だった。ニューロンは神経系を構成する細胞だが、情報処理や情報伝達を行う組織である。このとき登場した彼らの小脳から大脳まで行くニューロンにセンサーをつけた。そこが使われていれば赤いランプが光る。実験で、超一流と呼ばれる彼らの脳はいろいろなニューロンを使っていると研究者は予想していた。結果は逆だった。

「ものすごくシンプルに使っているという結果が出たのです。何事も、一流になる人は小脳から大脳に行くニューロンをいろんなところで使っていないとわかったんです」

パットの名手の青木功も「上りはコンと打って、下りはトンと打って」と、じつに簡潔な表現をする。イチローにしても、毎日同じカレーを食べるというシンプルな食事を続けている。

いかにシンプルに生きるかを重視する人は、イップスとは無縁なのかもしれない。

ついにシード権も失って

平成一七（二〇〇五）年、横田は日本ゴルフツアー機構の選手会長に選ばれている。選手会長を彼は名誉職のような形にするのではなく、自ら動き回り、ゴルフの人気回復のために働いた。当時から宮里藍を始めとする女子プロの人気は上昇していたが、男子は下降線を辿《たど》っていた。男子プロのテレビの視聴率は一パーセントと言われた時期だ。この年には、男子のトーナメント数は全盛期の半分まで減っている。トヨタ自動車の会長だった奥田碩《ひろし》にも会って、打開策の力になってもらった。日本ゴルフトーナメント振興協会の会議にも毎回のように出席した。

横田は男子プロの人気回復に奔走した。

会長職二年目の年だった。多忙な責務の中で、本来のゴルフに割ける時間もなくなり、賞金ランキングは七六位に落ちた。

最終戦で翌年のシード権を取ろうと試みたが失敗してしまう。手首の損傷も芳しくなく、ステロイドの局部注射をして何とかプレーできていた有様だった。

シードは翌年のツアー出場権をもつが、失ってしまうと、ツアーに出るためには予選から這《は》い上がっていかなければならない。これは至難の業である。ツアーに出てこそ、プロは収入の道が作られる。その道が絶たれるかもしれない。もう自分のゴルフ人生は終わってしまうのか、無職になってしまうのかと横田は悩んだ。企業で言えばリストラであり、解雇に等しい処遇である。

しかし理事会は、横田に選手会の会長という功績から特別シード権を与えるという決定をした。彼はその案をいったんは受けたが、激しい葛藤《かっとう》があった。一日の間に目まぐるしいほどに考えが変わり、結局断った。彼自身、選手会長としてゴルフは紳士のスポーツ、多くのスポーツの中で唯一選手自身が審判であると話してきた。シード権を受けてしまえば、自分がその言葉を裏切ることになる。「人生究極の選択だった」と彼が述べるように、悩みぬいて断ったのである。その潔さにファンは好感を持ったという。

そして、彼は自らの力でシード権を得るべく、一一月末に行われるファイナルＱＴに出場する。シード権を持たないプロゴルファーが、シード権を得るために参加する予選会である。二〇〇名が参加し、上位九〇位まで残った者が翌年度のツアーメンバーになる。だが、横田は決勝へ進むことができなかった。

横田は平成一八（二〇〇六）年に一一年間守り続けていた賞金シードを失った。今後の生活も考えて、車も数台売却し、ストレス性の中耳炎にもなった。左耳が悪化して聞こえなくなり、一〇日間入院したのだ。以後、一〇か月は左耳に治療のためのチューブを入れた。

それは、彼にとって人生初の挫折《ざせつ》であった。来年からは自力で這い上がるしかない。しかし、一方で謙虚になることを心がけた。

「自分はまだ一勝しかしてない、しがないプロなんだ」

そんな自覚を持てるようになった。謙虚になれば、人は多くのものから学ぼうとする。そこから新しい出会いも生まれ、彼の人生を変えた。

ある格闘家との出会い

この頃、彼が出会ったのが「四スタンス理論」である。もともとは格闘家だった廣戸聡一《ひろとそういち》が作り上げた身体力学理論だが、人間の体の使い方には先天的に四つのパターンがあるという。人はそのパターンに合った行動をすることで、力を最大限に発揮できるという考え方である。現在も廣戸はスポーツ整体、自律神経調整を行う「廣戸道場」を開いている。

横田が彼のセミナーを訪ねたのが、理論を知るきっかけであった。

廣戸は当時を振り返る。

「横田さんはイップスと怪我に悩んでおられました。切羽詰まっていたと思います。彼は理論派の多いゴルフ界でも、とりわけ理論的で研究熱心でした。自分の置かれた窮地を何とか改善したいという思いでした。ただ、いろいろな勉強をされていたので、情報が多すぎるように思ったんです」

情報量は、人それぞれマックスやミニマムが違う。また、その情報がその人に合っているのかどうかでも違ってくる。これは情報量とも関連するが、人間はある動作をするとき、一つ一つの情報ごとに脳にお伺いを立てて決めるわけではない。咄嗟《とっさ》に動くパーツの神経細胞が判断し、ジャッジメントして行動をする。

例えば格闘技であれば、パンチを打つ場合がそうである。私たちは、闘っている最中は無意識に打っているのが真相だ。緩く、あるいは速く打つという感覚も咄嗟に手から入って来る情報で体が判断して行う。

「歩くときも、足が判断し、目から入って来る情報、耳から聞こえることなど、私たちの五感を利用しながら、手足や全身が判断して行います。全身のすみずみで同時に進行しているチームプレーなんです。その後で脳に情報が上がり、脳が統括して今私は何をしているかと判断するのです」

横田は前述したように器用であったから、どのような状況にも対応できるショットを考えて打とうとする。イップスになったのもそこに遠因があった。

人は考えすぎて、適度を超えた情報量を入れると、そこからイップスの深みに嵌《はま》っていく。

「ゴルフではどこにクラブを上げたらいいのだろう、どこにクラブを下ろしたらいいのだろうと考えてしまうわけです。ふつうは考えなくてもできるわけです。だけどいろんな条件を自分に作ってしまって、何をしていいかわからなくなるのが第二次のイップスです。いろんなものを足し算してしまって、頭と体が大混乱するわけです」

当然本来のパフォーマンスより落ちるから、今度は自分のプライドが傷ついてしまう。ここで心因性の問題が起こってくる。

四つある人の体の規則性

4スタンス理論は、持って生まれた体の動きの規則性を四つに分類したものだが、その分け方は、人間が自然な立位状態（スタンス）をとるときの、足の裏のポイント（重心をどこにかけるか）で決められる。立ったとき、土踏まずのつま先寄りに基点（つま先重心）があるのをAタイプ、土踏まずのかかと寄りに基点（かかと重心）があるのをBタイプと呼ぶ。日本人にはBタイプが多いという。

次に、土踏まずの内側に基点があるのを1タイプ、土踏まずの外側に基点があるのを2タイプと呼ぶ。これを掛け合わせてA1、A2、B1、B2の四つに分類する。

Ａ１はガッツポーズなどの出力時に、手が伸びあがる、膝《ひざ》が大人しい、内側重心。
Ａ２はガッツポーズなどの出力時に、手が伸びあがる、膝が大人しい、外側重心。
Ｂ１はガッツポーズなどの出力時に、手が縮む、下半身が動きやすい、内側重心。
Ｂ２はガッツポーズなどの出力時に、手が縮む、下半身が動きやすい、外側重心。

横田はＢ１タイプである。ちなみに、イチローはＡ１、松井秀喜《まついひでき》はＢ２なのだそうだ。

人はこのタイプに沿って体を動かさないと、イップスを始め、プレーに支障を起こす。アスリートは適応能力が高いから、自分に合わないタイプの行動を取っても、ある程度はできてしまう。だがタイプに反したパフォーマンスをし続ければ、行きつく先は故障するか、あるいは故障したくないから無意識に運動を停止するかのどちらかである。その運動を停止した状態がイップスと言ってもいいだろう。

「横田さんも、絶対これを守るという体の規則性を間違ってイップスになったと思います。自分に与えられた体の規則性を知らないまま、好き勝手に使ったら体が運行を止めてしまうわけです」

横田は４スタンス理論と出会って、人によってできる動き、できない動きがあることを知った。目から鱗《うろこ》が落ちた思いだった。彼は回想する。

「先天的に持って生まれた体の動かし方のパターンが四種類あるわけですから、僕がいくらタイガー・ウッズの真似をしても駄目なんです。自分と同じタイプではない人の打ち方をやっても効果はない。自分のタイプに自然に沿った動きをしていればイップスにならないということですよ。ごちゃごちゃいろんなことをやったら駄目です」

だから横田は、イップスになった選手には「まず気にするな、気にすると本当に混乱するから」と伝えたいと考える。単純作業の反復こそが大切なイップスの克服方法と彼が言ったのは、そういう理由である。

上手く打ちたいがために工夫をする。その工夫が仇《あだ》になる。いつしかその人にとってふつうの状態からかけ離れてしまう。廣戸は、横田にこう助言したという。

「進化というのは物事を変えることではない。そう思うから人は足し算をして考えてしまう。引き算をしていくことが進化だから」

症状のひどいときは週に何度も横田と会って、話もした。横田が大丈夫というまで三年の月日を要したが、パフォーマンス自体の向上が見られたのはもっと早かった。面談の過程で廣戸はこう助言した。

「手応《てごた》えってないから。手応えを追いかけちゃいけないよ」

ボクシングでも、ノックアウトしたときのパンチに手応えはないという。手応えというのは、人間が頭の中で増幅した想像の産物なのである。

「頭の中で想像しちゃうんですよね。これが人間の脳の仕組みなのでしょうが。衝動的に打ったものを頭の中で再現したときに、この感じが手応えというイメージを作ってしまう。この感じという、ないものをことさらに誇張して思い描き、工夫を重ねてしまうとイップスになってしまうんです」

競輪の第一人者中野《なかの》浩一《こういち》は、調子のいいときはペダルに乗せた足が勝手に下りていくという。そのときが一番速い。そこに手応えという実感はない。

イップスを通して学べることは、自分にとって大切なもの、大切じゃないもの、これをよく洞察できるようになり、振り分けていく能力が上がっていくことだ。

「もう一つは、自分はこうやって動きたいと思っても、体の節度に合わないものは無理だとわかったときに、頑張って抗《あらが》うことをしなくなりますね。要するに体の摂理や定理に従うようになるんです」

イップスを体験して見えてくるものも多いということだろう。

ゴルフと自律神経

横田は同じ時期に、順天堂大学医学部教授の小林弘幸《こばやしひろゆき》を訪ねている。理論派の彼は自律神経の動きに関心を持ち、イップスの克服にもかかわるのではと考えたのだ。横田は人を介して小林の許《もと》を訪れた。小林は自律神経の研究では日本で第一人者である。自律神経とは、内臓器官や分泌腺《ぶんぴつせん》を自動的に調節する神経系である。私たちの意思とは無関係に作用する。交感神経と副交感神経に分けられる。

交感神経は、呼吸器や循環器系には促進的に、消化器系には抑制的に働く。副交感神経は、交感神経と逆の働きをし、呼吸器、循環器系には抑制的に、消化器系には促進の作用をする。

ゴルフと自律神経、いったいどこに関連があるのだろうか。

小林自身もゴルフをたしなむので、他のスポーツとの違いも入れながら話してくれた。

小林によると、ゴルフは「もっとも再現性のないスポーツ」なのだという。

「ゴルフは本当に再現性がなくてね、殆《ほとん》どのゴルファーは再現性がないために上まで行けない。初日に六四とか驚異的な数字を出しても、次の日は七二とか七三になってしまう。昨日良くても今日やったら駄目とか、前半良くても後半駄目になるとか多いんです。トップのレベルだろうが、アマチュアだろうが、同じなのです。野球だと三割バッターだったら、三割は打てるわけです。再現性がある。ゴルフでは、その再現性を突き詰めた人間がタイガー・ウッズやジャック・ニクラウスだと思うんですよ。ではなぜ再現性がないのか。たぶん、一番の要素は自律神経なのだろうと考えています」

なぜ、横田は興味を持ったのか。小林の記憶によれば、横田と初めて会ったのは平成一九（二〇〇七）年頃で、シード権を失い、一番苦しいときであったという。この頃は一週間に一回は会って話を聞いた。

「やっぱり追い込まれているイメージがありましたね。何かにすがりたいというか」

そのとき、ゴルフというのは調子のいいときは、やる前から何でも絶対に上手く行くように思えるものだ、逆に悪いときはパターも寄せも何をやっても駄目になる。なぜそういう現象が起きるのか、それを研究したらどうですかと小林は話した。それがきっかけになって、横田は自律神経の研究を始めるようになった。

同時に、小林はイップスの相談にも助言するようになった。

「イップスの状態のときは、自律神経でいうと、もう完全にアンバランスな状態なのです。車でいうアクセルが交感神経で、ブレーキが副交感神経です。アクセルとブレーキのバランスが上手く機能しない感じなんです。そのコントロールには、やはり呼吸が一番です。イップスのときには呼吸が止まっています」

無呼吸状態になると、一瞬で自律神経はバランスを乱してしまう。呼吸でイップスを治していくようにと話した。このことは横田もよく覚えていた。小林から「自律神経をコントロールできたら優勝できる」と言われたという。

そのとき、小林は自律神経の仕組みについても説明した。アクティブな交感神経と、リラックスさせる副交感神経が、高いレベルで同じ高さになることが理想だと言われたのだ。試合になると、どうしても交感神経優位になる。交感神経が一回上がってしまえば、一時間から二時間は元に戻らない。すると呼吸は浅く、心拍は速く、という体の現象が出てくる。動きも速くなり、早口になって喉《のど》も渇く。瞳孔《どうこう》も開く。パッティング、アプローチなど動きの遅いショットは、交感神経優位ではもっとも不向きな動作になる。イップスは交感神経が振り切った状況で起こる。自信があったり、安心したりしているときは副交感神経が高い。双方が高ければ、ゆっくりの動きにも、速い動きにも対応できる。

では、自律神経が乱れないためにはどうすればよいのか。小林は言う。

「選択を無くすことですね。セレクションが一番駄目なんですよ。クラブも最初に七番を持って、やはり六番に変えようかとか、こういうのがよくない。七番を取ったら、七番で思い切り打つ。人間の欲が実力についていかないということですね。欲が出ると自律神経が乱れ、血流が悪くなる。そうなると、どうしても自分の思ったとおりに入らないんですよ。やはり謙虚が一番ですね」

もう一つ、小林が指摘したのは腸内環境である。イップスの人は腸内環境がものすごく悪いのだという。腸内環境を整えることが自律神経を安定させるもっともよい手段だと言う。

副交感神経を上げるには腸を動かすことである。そのためには、食物繊維を摂《と》って乳酸菌を飲む。呼吸法の訓練をする。セル・エクササイズという小林が開発した副交感神経を上げるエクササイズを行う。横田も小林の指示に従い、三か月で劇的に状況が変わった。副交感神経が上がれば、当然イップスも消える。逆に言えば、交感神経が高いとイップスになりやすいということでもある。

「イップスって、メンタルの面から治そうと思うと案外失敗しますね。心因性もないと思います。メンタルは科学じゃないですよ。よく心技体と言いますが、こう思えなんて言っても無理ですよ。体は変化しませんもの。私は体技心だと思うんです。体ができていれば、技術も心もついていきますよ」

では、イップスはなぜ起こるのか。小林は腸の特性に目を留めている。

「はっきりとはわかりませんが、何らかの契機で、自律神経が破たんしたことによるものだと思います。発生学的に言えば、脳は腸から発生しているんです。脳腸相関といいますが、みな脳で考えていると思いますが、もしかしたら会話にしても腸が最初に感じて、それから脳に行っているかもしれない。脳にあって腸にないものはないんです。データはないですが、イップスのように調子が悪いときは、腸内環境がものすごく悪い可能性があります」

自律神経が破たんしたことが発症の原因であれば、視覚も自律神経に影響を及ぼす。乱れを治すために、ゴルフなら緑を見る、空を見る、目をリフレッシュさせることでイップスの状態も変わることがあるだろう。

復活をかけたキヤノンオープン

平成一九（二〇〇七）年、シード権を失った横田は、日本ゴルフツアー機構主催の二部トーナメントであるJGTOチャレンジトーナメントに出場した。シード権を持たない選手を対象とした二部のツアーである。プロ野球で言えば二軍戦であろうか。六月二二日にはチャレンジトーナメントで早くも二勝目を飾った。これまでは長尺パターを使っていた。

「長尺パターを使うことは、もう以前の自分のショットとは別物なので。同じゴルフでも別の種目をやっているようなものですよ」

横田はそう言った。三回目の優勝がかかったときに、試しに短いパターに変えたら、イップスの症状が出てしまった。症状が出ることを、横田は「こんにちは」とも表現する。「こんにちは」をしたら、次のホールからイップスは出続けるのだという。

「やっぱり優勝争いになるとイップスが出ますね。長尺に変えて克服と言えばそうだけど、以前の本来の打ち方は一〇〇パーセント無理です。今もできません」

だがこの年、チャレンジツアーでは賞金ランキング四位になり、翌年前半のシード権を取り戻した。

小林が助言したように、副交感神経を高める訓練を欠かさなかった。ゴルフ場で大きく息を吐く。ゆっくり歩く。息子や娘の写真を見る。そんな工夫をした。

「もしその選手が海辺の出身だったら、海の香りを思い出すとかありますね。自分にイップスの経験がなければ、こういうことに目を向けなかったと思います。イップスが向けさせてくれたと思います」

そういえば、欧米人はプレッシャーに強いと言われるが、彼らは信仰心を持っているので「オー・マイ・ゴッド」と最後は神に委《ゆだ》ねることができる。結果は、よくも悪くも神様のお導きであると信じることで、自分を追い込まず、開き直ることもできる。

尾崎将司もミラクルショットを打っているときに般若心経《はんにゃしんぎょう》の最後の部分を唱える。

「羯諦《ぎゃてい》羯諦《ぎゃてい》波羅《はら》羯諦《ぎゃてい》」

〈往き往きて、彼岸に往き〉という意味である。横田は信じられず、尾崎に本当なのですかと聞いたら、彼はあっけらかんと答えた。

「俺は臆病《おくびょう》な男だから、本当だよ。そこを唱えると阿弥陀《あみだ》如来が自分の中に出てきて怒られるんだよ」

尾崎は信仰心が篤いから、ショットを打つときだけでなく、試合の朝の練習前にも神棚と仏壇に手を合わせてから始める。それも彼なりの副交感神経を高めるやり方なのである。

横田のイップスの状態は好転し、何とかシード権を確保したまま平成二二（二〇一〇）年を迎えた。一〇月になった時点で賞金ランキングは九一位。この年もシード落ちのピンチを迎えていた。駄目だったらファイナルQTを受けることになる。

そんな状況のとき、一〇月七日から一〇日まで行われるキヤノンオープンに横田は出場した。場所は神奈川県戸塚《とつか》カントリー倶楽部《くらぶ》である。じつは、この大会は選手会長時代に、男子トーナメントの減少を心配して、キヤノンに掛け合って生まれた試合であった。

そんな因縁の大会だが、横田はここでも小林の助言を忘れなかった。

ふつうは会場の傍のホテルに泊まったほうが臨戦態勢も高まり、気合が入る。これまでは家から通うと気が抜けると思い、ホテル住まいだった。しかし、彼はあえて都内の自宅から通う方法を選んだ。ホテルだと焼き肉などを山盛り食べてしまい、消化器系を酷使してしまう。それでは自律神経の活動が下がってしまう。家では妻の手料理も食べることができ、また量も少なめにしてもらえるから、副交感神経も高いレベルを維持できる。

この選択は吉と出た。

石川遼を振り切って優勝

大会二日目に横田は首位タイに躍り出た。とくに前半の九番パー4では、一二二ヤードの二打目をピッチングウェッジで直接カップに入れるという、ミラクルイーグルを記録。五位から一気に一位になった。三日目には、この時点で賞金ランク一位の石川遼《いしかわりょう》、谷原秀人《たにはらひでと》と首位に並んだ。この夜、大雨が降った。明日も雨が降ることだろう。横田は雨で中止になるように祈った。このとき、順天堂大学の小林から電話がかかってきた。

「トップで凄《すご》いじゃないですか。今何をやっているんですか」

「神に祈っている」

「何を祈っているんですか」

「明日大雨になってほしいと祈っている。大雨になれば中止になって、僕は暫定首位ですから」

前述したように、このとき三人が首位にいたが、中止になると、後日三人でのプレーオフとなる。そうなれば優勝できなくても、二位タイが確定する。これでシード権も確保できると考えたのだ。

だが、小林は言った。

「横田さん、明日は晴れだと言っているから、そんなばかげたことやるよりも、少しでもパットの練習やったらどうですか。呼吸に合わせてやるようなパットの練習やったほうがいいですよ」

翌日は朝から雨が降っていた。開始の時間を見合わせることになり、一時間を過ぎても始まらない。だが小降りとなり、空は徐々に明るくなった。さらに五〇分後に雨は止み、曇り空で試合は開始される。やがて空に晴れ間も見えるようになり、午後は快晴になっていた。

この頃には、横田の逃げの姿勢も消えていた。彼は回想する。

「午前中は雨でしたから低気圧になっているわけです。血管が弛緩《しかん》して血流が穏やかになって、心拍数も少なくなっている。雨の日は眠いですね。副交感神経優位の状態ですね。それがよかったです。最終組で谷原と石川がいましたが、彼らはバリバリやれる世代で活躍しています。ふつうは僕が重圧を感じて交感神経が高まるわけです。だけど、雨模様で副交感神経が優位になったのはよかったです」

加えて、横田にとってよかったのは開き直りができたことだ。優勝を前にして、記者は「明日はどのくらいを目標に」と聞いてきた。彼がためらわず「八五くらいで打ちますよ」と語ると、記者はそんな悪い数字は冗談だろうと思った。

「八五を打つぞ、と自分に言い聞かせていました。記者は笑うのですが、そうすると自分の心がどんどん楽になったんです。ふつう、マイナスのイメージは駄目と言うじゃないですか。でも、本当に緊張したときは開き直りも必要なので」

最終日の会場のギャラリーには、石川遼見たさに一万三六九八人が集まった。会場を石川のファンが埋め尽くしていた。石川への声援が響く中、横田はいつものプレーを心がけた。

このとき小林は事前に横田に伝えていた。石川が猛追している、優勝がかかってくると勝負は一八番になるだろう、いざというときは、いろいろ考えるよりも、その辺の草を取ったり、草の匂いを嗅《か》いだりしたほうが効果的だと。さらに、すべて起こりうることを想定内にしたほうがいいとも助言した。想定外のことが起こると人間の自律神経は乱れる。すべてを想定内にする。

横田は小林に言われたように、会場で草木の匂いを嗅ぎ、息を大きく吐き、手が温かくなるイメージもした。副交感神経が高まると手足が温かくなるからだ。

実際に、試合中に右のバンカーに入ったが、横田はそれも想定内のこととしてとらえていたので、慌てることはなかった。そこからグリーンに二オンして二パットで石川に競り勝った。横田は一四アンダーだったが、三番パー4では一〇一ヤードの二打目をカップに直接入れてイーグルを決めた。このショットは、横田にとって忘れられないものとなった。その後四つのバーディを取ったのも大きかった。石川は後半、猛烈に追い上げたが一二アンダーと及ばなかった。

横田にとっては一三年一九日ぶりの二勝目で、これは史上二番目の長いブランクだった。

彼は再び二年間のシード権を確保した。

「あのときシード枠を断ってよかったと初めて思えた」

横田は実感した。彼の目には、夕焼けに照らされた山稜《さんりょう》のきれいな線が見えた。

イップスの研究で医学修士号を取得

その後、横田は自分のイップスの体験をさらに医学の分野で本格的に学ぼうと、優勝の翌年、順天堂大学医学部の研究生になった。このとき三九歳。二年後には同大学大学院医学研究科修士課程に合格した。頂点を極めたプロゴルファーが医学系の大学院で学ぶことは、異例中の異例だった。修士論文は「プロゴルファーにおける自律神経とパフォーマンスの関係」である。修士論文を作成するとき、実験データとして、試合の朝に選手の交感神経、副交感神経の数値を計測させてもらった。脈波測定器を使って、選手の指先を洗濯ばさみのようなもので挟む。選手たちは協力してくれたという。

「その数値が高いほど飛距離が出るというのが僕のテーマなのです。当日のドライビングの距離と相関を取る。お医者さんの言っていることを自分の経験則で照らし合わせることができる。自分しかできない研究テーマをできるのは、すごく大事ですね。それに、自分の経験と科学をくっつけることができるのも研究では重要だと思います」

彼は博士課程を目指していたので、さらに研究も深まっていくことだろう。怪我の功名かもしれないが、イップスになってよかった、とも語ってくれた。

横田は取材時に、キヤノンオープン三番ホールでの一〇一ヤードのチップインイーグルを決めたときの写真を見せてくれた。

「すごく決めた後なのに、興奮してないでしょう。リラックスしてるでしょう。これが大事なんです」

さらに、優勝した瞬間の写真も見せてくれたが、興奮した様子はなく、しみじみと喜びに浸っている安堵《あんど》感があった。さざ波が押し寄せるようにゆるやかで、余韻のある幸福だ。

「感慨深い感じで、ほわーっとしているでしょう。それだけ余裕があったのかもしれないけど、勝つときってこんなもんですよ」

勝つときってこんなもん、という彼の言葉が反芻《はんすう》された。リラックスするということは、喜びにも悲しみにも軸が振動しない、しなやかさを保てるということなのだろう。

イップスを、あるゴルファーは「やだな君」と呼ぶ。「嫌だな」から転化したものである。ゴルフでもイップスの克服法は一様ではない。それぞれがそれぞれに合ったやり方で対処している。大事なことは、当人が症状にどう向き合い、道を開いていくかだ。そこに無駄はない。当人の向き合い方次第で、「イップスになってよかった」と思えるほどに豊かな生き方へと転化することもある。

横田は再びシード落ちしたが、平成二七（二〇一五）年にはシードに復帰した。これも、自己の研究をプレーに生かした成果だ。とくにミズノオープンでは二日目に首位に立って、健在ぶりを示した（最終成績は一四位）。年齢も五〇代に迫り、ゴルファーとしてのキャリアをこれからどう積み上げていくのか興味深い。また、自律神経の研究成果をどうプレーに生かしていくだろうか。こちらのほうも先行きが楽しみである。

第六章　イップスのメカニズム

統一用語がない

イップスは野球の送球やゴルフのパット、ドライブ、アプローチだけでなくあらゆる箇所に発症する。もちろん体操、弓道、ソフトボール、テニス、サッカーなどにも見られる。というよりスポーツに限らず、楽器の演奏者、理容師などにも幅広く見られる。別の種目やスポーツ以外では同じ症状でもイップスと呼ばないこともある。すべての分野で統一した用語はないのが実情だ。

野球で見られるイップス

野球では、送球以外にフライイップスというものが見られる。外野手、内野手などがフライが上がったときに、体が動かなくなって捕球ができなくなるというものだ。フライをエラーしてしまい、周りから叱られたりスタンドから騒がれたりして、過剰に意識するようになり、次にフライが上がったときに体が固まってしまうケースである。

このケースは、走塁にも見られる。近鉄バファローズで昭和六〇（一九八五）年から平成七（一九九五）年まで走塁コーチを務めた藤瀬史朗《ふじせしろう》に聞いたことがある。藤瀬は現役時代、代走専門として実働七年の選手だった。代走で決めた盗塁数は一〇五で、これは元巨人の鈴《すず》木尚広《きたかひろ》に抜かれるまで通算代走盗塁数のプロ野球記録だった。昭和五四（一九七九）年の日本シリーズ第七戦で、江夏豊《えなつゆたか》が九回裏に見せた快投「江夏の二一球」のときの無死満塁の三塁走者と言えば、思い出す人もいるだろう。

「僕自身はあまり無かったですが、盗塁でスタートを切れない選手はおりました。打者走者のときに走れない選手はいません。むしろ投手に構えられてから牽制《けんせい》されたり、盗塁したりする場面ですね。塁上で足が固まってしまうんですね。とくに足の速い選手に見られました」

一塁に出塁する。足の速い選手にはベンチでも盗塁、エンドランなど足を絡めた攻撃を要求する。盗塁を成功させれば問題はない。だがアウトになったときの失敗体験が蘇《よみがえ》ってしまうことがある。藤瀬は言う。

「アウトになるのはカッコ悪い。足が速いのに盗塁失敗したらベンチに戻っていろいろ言われる。雰囲気も悪くなるし、一番怖いのは監督に怒られること」

そんな不安のため、盗塁ができなくなる。サインが出たら、思い切りふんぎり、スタートを切らなければ盗塁はおぼつかない。盗塁は投手の足が上がった瞬間にスタートを切るが、このタイミングが取れないようになる。迷いのために足が固まり、反応に狂いが生じる。クイックモーションで投手が足を踏み込んだときに走ってしまう。明らかにスタートが遅すぎるから失敗する。

「もうこれでは遅すぎます。どこで走るか見極めができないんです。これが続くと走れなくなってしまうんです。こうなるとサインも出しづらいし、試合でも使えませんね」

長くリードしたまま足が固まり牽制で刺されるときもある。とくに、気の弱い選手は後の結果を気にしすぎる。

また、選手の調子を乱すのは牽制が原因のときもある。盗塁のサインが出ても牽制によって帰塁すれば、仕切り直しになる。帰塁したら足が固まって走れない選手が出てくる。ようやく走るという勇気を持ったのに、仕切り直しがおきるため、勇気が削《そ》がれるのだろう。

この症状を直すには自分からスタートして切り開いていくしか方法はない、と藤瀬は言う。走れば捕手が暴投することもある。スタートが遅くても、走ることによって成功することもある。結果が出れば、自信もつく。

「スタートするには踏ん切りしかない。やぶれかぶれでも行っちゃうことです。行ったら何にもないやんか、ということもある。スタートが悪くてもセーフになることもある。スタートが良くてもアウトになることもある。いろんなことがあるわけです。だからとにかくスタートを切って、体に覚えてもらわないといけない。簡単に考えないと足は出ていきません」

藤瀬の場合も、ここ一番の代走だから、アウトになることは許されなかった。代走に専念した一年目のときだった。当時、近鉄監督の西本幸雄《にしもとゆきお》は「絶対アウトになるな」と言って自分を送り出した。

「そりゃほんまにちびりますよ。アウトになって怒られたくもない。怖くて監督の目も避けようと思いました。これはスイッチを変えないとできないことです」

実際に盗塁してアウトになった。だが、それでも西本は自分を使ってくれ、失敗の責任も被《かぶ》ってくれた。それがやがて盗塁成功率の高さに繋《つな》がっていった。

藤瀬は昭和五四（一九七九）年に二五盗塁し、失敗はわずか二、成功率は九割二分六厘という驚異的な数値を残した。この年、近鉄はリーグ初優勝を遂げる。

このときには、西本から「アウトになるなよ」と言われても「はいはい」と軽く受け止められるようになった。

「免疫ができたわけです。それと自信がつけばアウトになっても仕方ないと思えるわけです。そのときは相手が自分を上回っているのだからと思えるようになります」

尚《なお》、足の遅い選手には足を使ったサインはでないので、イップスにはまずならない。足のイップスも、性格的に勝気とか神経質とかに関係なく発症するという。

もう一つの送球イップス

投手で言えば、捕手に投げる投球ではなく、一塁への送球ができなくなるケースも多い。投手経験者に聞けば、プロアマ関係なく、一塁寄りのゴロを捕って、一塁へ投げるのは難しいという。一塁手と近いのでスピードを殺して投げなければならない。だがここで指にひっかけて暴投し、送球イップスになる。強く投げることは易しいが、適度に調節して投げるのは難しい。そのため一塁に走りながら、トスするように下から投げて対処することが多い。

打撃投手とブルペン捕手

この「適度に」でもっとも苦労するのが、打撃投手である。打撃投手は打者の練習のために専属で投げる投手である。すでに引退した投手が現役選手でなくスタッフとして球団に登録され、毎日一〇〇球以上を投げる。各球団に六、七名から一〇名ほどいる。じつは、彼らにイップスが多いことは前々から言われていた。

打撃投手は打者の調整のために投げるから、適度な速さで打ちやすい球を投げなければならない。それもすべて打者の指示するコースに正確に投げる。通常のマウンドより一メートルほど前から投げるが、ストライクが入らずにイップスになるケースは多い。

あるコーチ経験者から聞いた話だが、こんな逸話がある。

昭和五〇(一九七五)年頃の話だが、ある球団にドラフト一位で入団した高校卒のアンダースローの投手がいた。当時、九州で鹿児島実業の定岡正二《さだおかしょうじ》(後巨人)の最大のライバルと言われたほどの選手だった。

彼がキャンプで調整のため、チームの中心選手Aの打撃投手を務めたときがあった。Aは気性が荒いことで知られていた。投手は選手の胸元へ失投してしまう。ボールは当たらなかったがのけぞるような球だった。相手がチームの中心選手だから緊張していたのだろう。そのとき、Aは「バカモン」と大声を張り上げた。

以後、その投手は萎縮《いしゅく》してしまい、ストライクが入らなくなり、試合でもフリーバッティングでも投げられなくなった。プロでは一勝もできず球界から去った。新聞記者の間では「Aがあの投手を駄目にしたのではないか」と話題になったという。

「彼のイップスの発症は、怒鳴られたとかそういう何かのショックで、完全に自分の中に衝撃が入ってしまったということでしょう。もう、打者相手に投げるのが怖くて怖くて仕方なかったのでしょうね」

そのコーチ経験者は当時を思い出して語った。

打撃投手のイップスについても、ここでいくつかの事例を紹介したい。

中日ドラゴンズで打撃投手を務める西清孝《にしきよたか》は、かつては横浜ベイスターズの投手だった。平成一一（一九九九）年に引退して横浜で打撃投手を務めた時期があった。横浜史上最高の外国人打者と呼ばれたローズに投げていたときだった。ボールが抜けて、ローズの頭の後ろに行ってしまった。ローズは笑って「いいよ」と言ってくれたが、西には失投の残像が残り、それからローズに投げるたびに、彼の頭の辺りにボールが行くようになった。

イップスになりかけていたので、打撃コーチがローズの担当から外してくれた。このままローズに投げていたらイップスになっていたと彼は言う。一球で打撃投手の運命が変わる怖い例である。打撃投手は少々おかしくなっても自分で投げて自分を強くするしかない。体の感覚と精神面で克服するしかないという。

打者によっては気難しい選手もいる。舌打ちする選手、打撃投手に怒鳴る選手、狙ったコースでなければあからさまに表情に出す選手もいる。萎縮して投げられなくなって退団する打撃投手もいる。

ベテランの打撃投手にも容赦なく襲い掛かるのがイップスである。巨人時代の松井秀喜の恋人と呼ばれた、北野《きたの》明仁《あきひと》という打撃投手がいた。彼は打撃投手として二八年投げ続け、平成二三（二〇一一）年に五〇歳で引退したが、松井から絶大な信頼を受け、松井がメジャーリーグに行くまで投げ続けた。松井も打撃の状態を北野に聞き、「いつもと構えはどうか」などと尋ねることもあった。当時、日本一の打撃投手と呼ばれていた。

その北野もイップスになった。平成六（一九九四）年に落合博満が中日から移籍したときのことだ。北野は落合の相手を任された。というのは、落合は通常の打撃投手の球を打たない。彼はふつうに投げられた球を打つのではなく、緩く山なりの球を打撃投手に要求し、これを十分に引き付けて打つという練習を行った。しかし、緩い山なりのボールでストライクを投げるのは困難だ。投球モーションも通常よりゆったりとしたものになる。そのため、ベテランの北野が担当することになった。

北野は春季キャンプからオープン戦の途中まで相手を務めたが、いつしか右腕が固まってしまった。キャッチボールも満足にできなくなり、低く投げようとすればバウンドし、高く投げれば暴投になる。投げる寸前も、踏み出す足は右が前だっけ？　左が前だっけ？　と考えるようになった。ついに足も固まって踏み出せなくなった。

周囲のコーチは北野に言った。

「もうやめておけ、お前が潰《つぶ》れてしまう」

北野は、担当を外れた。彼は自分のいい状態のフォームを思い浮かべるようにしてイメージトレーニングを重ねると、ゆるやかに元に戻った。

さらに壮絶なのは、元巨人のエースだった入来《いりき》祐作《ゆうさく》である。入来は誰もが知るように、向こうっ気の強い九州男児を地で行く剛毅《ごうき》な男である。

平成一四（二〇〇二）年七月二五日の阪神タイガース戦で打者ジョージ・アリアスの背後

にボールを投げて、彼を激怒させてしまった。マウンド上で入来は「来い！」と両手で自分の胸を叩《たた》き、アリアスと取っ組み合いの乱闘になったのは、彼の性格をよく表している。

現在オリックス・バファローズの投手コーチだが、平成二〇（二〇〇八）年一二月から横浜ベイスターズで二年ほど打撃投手をやっていた。

打者によっては「速いです」という者もいる。苦情が多くなると、ストレスが鬱積《うっせき》した。悩む要素が満載の打撃投手である。加減して投げることがこれほど難しいとは予想もしなかった。打撃投手となって二か月後、打者に投げたらワンバウンドした。それも自分の足元近くで、である。まったく違う方向にボールが行くこともあった。形容すれば、赤ちゃんが初めてボールを握って投げるような感じなのだという。

最後には、打撃ケージに入るだろうかというほど不安にもなった。リリースの瞬間を過剰に意識して、今どうやって投げたのだろう、どこが悪かったのだろうと考え出す。彼は打撃投手を外れ、用具係になった。

私は拙著『打撃投手』の取材のときを思い出した。平成二三（二〇一一）年のことだ。入来に「メンタルクリニックに行っても治らないのか」と聞いた。彼は苦笑してこう答えた。

「イップスは病院に行っても治らないですよ。治るものなら皆《みんな》、行っていますよ。どこの科が担当なのだろう、心療内科かな。イップス科なんてできたらいいでしょうけど。でも治らないだろうな。要は打撃投手の前に置かれたL字ネットの後ろでビビッていることだから」

捕手およびブルペン捕手にもイップスは見られる。この場合は、投手に返球できないというケースである。とくに若手の捕手が大投手に向かって受けたボールを返球したとき、暴投になったとする。プライドの高い投手からそこで叱責《しっせき》を受けて、腕が固まり返球できなくなる。

ある在阪球団の捕手は、通常は投手に返球できるが、走者が三塁にいると投手に返せないという。元巨人の捕手で、西武ライオンズの監督だった森祇晶《もりまさあき》も、現役時代の晩年は二塁へ送球はできたが、投手に返球できず、投手が近づいて取りに来ることがあった。

少年野球のイップス

少年野球でも、イップスは深刻な問題となっている。

元近鉄バファローズで二番打者として活躍した小川亨《おがわとおる》に話を聞いた。小川は昭和四三（一九六八）年にドラフト三位で近鉄に入団、実働一七年で一六三四安打を放ち、打率三割もたびたびマークしたヒットメーカーである。主に二番を打ち、昭和五〇（一九七五）年には一八〇打席連続無三振のプロ野球記録（当時・現三位）を作った。その後、リトルシニアチーム（中学生）の監督も務めている。彼は指導者の視点から少年野球のイップスについて話してくれた。

「少年野球でもイップスはあります。捕手でうちにも一人いたんです。すごく性格のいい選手でした。ただ二塁への送球が今一つだったのです。もう一人捕手に肩の強い選手がいたものですから、励ましのつもりで、〝コーチがもう一人のキャッチャーに代えたらどうですか言うとるぞ〟と言ったのです。それからブルペンで投手に返球ができなくなったのです。彼にはそういう繊細な面があったんだ、まずかったなと思いました。彼にはいい部分を褒めて、自信を持たせたら治りましたけどね」

あかん、自分はポジションを取られてしまうと思ったときに、腕に電気が走って固まったのだろう。投手までの一八メートルの距離を返せず、叩きつけるように投げたり、ボールが抜けてしまったり、投手の胸元まで投げられなくなってしまった。

「だから普段は強そうにしているけど、じつは弱いとか、いつもは頼りなさそうにしているけど、いざとなったら気が強いとか、そういう選手の見極めは大事だなと思いました。やることはやるけど、抜くところは抜きよる、だけどそれなりにやらせればできる、こういう選手は叱っても大丈夫なんです。真面目にやる選手ほどあんまり言ってはいけないですね」

小川はイップス克服の一例として、他の分野で力をつけさせる方法を挙げた。小川は打撃が専門だから、守備で不調の選手には、打撃が向上するように技術的指導をする。打てるようになると自信がついてくる。気持ちも乗ってくるから、守備でミスがあっても、「いいバッティングしてるから、守備ももう少しな」と励ます。守備も打撃も双方駄目だと選手も落ち込んでしまうので、その一方の打撃に自信を持たせることも心理的な効果があるという。

ゴルフイップスの低年齢化

ゴルフでも、近年はイップスの発症が低年齢化している。今では中学生からイップスが見られるという。仕事で一人前になるには「石の上にも三年」という言葉があるが、スポーツ、音楽ではその道のエキスパートになるまでに一万時間がかかると言われている。これを「一万時間の法則」と呼ぶ。イギリス生まれのノンフィクションライターのマルコム・グラッドウェルが、二〇〇八年に著作『天才！　成功する人々の法則（原題：Outliers）』（講談社）で提唱した言葉だ。

音楽家やチェスのプレーヤーなど、成功者の多くは一万時間訓練を続けていたというもので、年数に換算すれば一日三時間の練習で一〇年間になる。彼の著作は日本でも翻訳され、「一万時間の法則」は忽ち《たちま》多くの人に広がった。

佐藤信人のコーチでもあったプロコーチの井上透は、ゴルフについてもこの法則は適用されると考えている。一万時間程度の練習量を取り入れれば、上達は上限に達する。イップスの発症も一万時間に到達した瞬間に見られるのだという。

「ゴールデンエイジと言われる女子、勝《かつ》みなみ、畑岡奈紗《はたおかなさ》の世代がなぜ生まれてきたかというと、宮里藍の優勝を見て、うちの娘を絶対にプロにしたいというステージパパが多く誕生したからなんです。ものすごい低年齢から猛烈な練習量を積ませることで、高校生の頭には一万時間の練習量に十分に達している世代なんです。だから、高校三年生といえどもベテランと言える世代なんですね。昨今のジュニアゴルファーの傾向を見ても、非常に早い段階でイップスらしき症状が出ていますね」

ゴルフ界の低年齢化、それは早期育成と言ってもいいし、その成果として若いスターが生まれる。その一方で、イップスという副産物も低年齢化したということだろう。井上はゴルフスクールも開いているが、やはり若い世代に症状らしきものが見えるのだという。

「ゴルフはミスがどれくらい少ないかを競うスポーツですから、非常にストレスがかかります。低年齢でハイレベルなゴルファーになることは、ミスが許容されない世界に到達することになります。同じ神経回路を使い続け、ミスをしてはいけないストレスを加え続けることで発動するのでしょう」

スポーツのハイレベルに到達する低年齢化は、ゴルフに限らない。野球、卓球、体操、その事例には際限がない。その中で、イップスの発症も比例して増えていく。

練習量が一万時間を超えると、調整の段階に入るという。一万時間に到達するまでは、練習をやればやるほど上手《うま》くなるが、そこを超えてしまうと、練習している意味はあまりなく、練習量を取る必要はないのだという。

右肩上がりは、練習をやればやるほど上手くなる時期である。だが、一万時間を過ぎて横ばい期になったら、自分は練習しているのに上達しないという葛藤《かっとう》が出てくる。努力に見合う対価が得られない。もがけばもがくほど、その対価を得られない自分に苛立《いらだ》ちが生まれてくる。今の自分は「横ばい期」にあるという認識を持つことが必要である。

井上はさらに付け加える。

「調整段階に入ったら、いかにコンディションを高めるかという考え方に変化します。ある一定の段階から、勝敗を分けるのは練習をやった量ではないことに気づく必要が出てくる。やった分だけ対価を得られると思わない方がいいわけです。そこを上手く切り替えられない人がイップスになるんじゃないかと思います」

イップスになった。そのとき取るべき対策は何か。その一つに休むという選択肢がある。当人はいいコンディションで戦うという段階にあるので、休むことによって、コンディションが上がり、ストレスを減らせるというメリットがある。この時期は、練習をやらなくても状態が変わらないので、休んだからといって下手になることはない。

ゴルフにはツアー中に殆《ほとん》ど練習をしないプロがいる。手嶋《てしま》多一《たいち》、河村雅之《かわむらまさゆき》などがそうである。彼らは練習場にも来ない。試合が終わった後も練習しない。このような選手はアメリカにもいる。

「これは僕にはすごく理解できて、彼らは練習しなくても下手にならないんです。彼らのゴルフに対する向き合い方はコンディショニング重視なんです。彼らにとってベストなコンディショニングが、練習しないということなのです。彼らは自分のハイパフォーマンスをキープするには、やらないのが一番だと気づいたのですね」

井上のもとにいる練習生の調子が悪くなって悩みそうになったら、すぐに練習を止めさせるという。

「状況にもよりますが、まず、変な悩みが出たら、その日の練習を止めます。考えることは無駄なんです。だって、寝たら次の日は別のフィーリングになるわけですから」

練習しない選択が改善に繋がることもあるが、もう一つの対策は成功体験である。イップスになると成功体験を積みたくても、失敗ばかりが重なる状態になってしまう。井上がコーチをした佐藤信人は、イップスのときスキーに熱中した。スキーが上達する、という達成感が成功体験に結びついた。ゴルフでイップスになったら、他のスポーツで成功体験をする。これは少年野球で送球イップスになった選手に打撃を向上させて成功体験を積ませ、自信を持たせる方法に似ている。

日本では、メンタルトレーニングはなかなか根付きにくいと言われる。日本という土壌が、メンタルな問題についてまだ特殊化する傾向にあるからだ。カウンセリングがアメリカほどに広まらないのもその一つだ。ゴルフ界でも以前に比べ広まってはきたが、実際にメンタルトレーニングを行う選手は少ないとも言われている。

ごくふつうにカウンセリングを行う、アメリカと日本との文化の違いが背景にある。ムラ社会、地縁社会で成り立った日本は同一化を求める。そのため人と違った行為、異質な存在への異端視も根深く残っている。何かを気軽に相談する、悩みを打ち明けることが日本では難しいのだろうか。もっと気軽に症状を話し合える土壌が作られることも、イップスの発症を抑える一因となる筈《はず》である。

どんな競技にもイップスは存在する

テニスでよく知られるのはサーブイップスである。とくに話題となったのは、平成一一（一九九九）年の全豪オープンテニスである。女子シングルスでロシアのスター選手のアンナ・クルニコワがサーブのミスを連発した。彼女は華麗な容姿も相まって、〝女子テニス界の妖精《ようせい》〟とも言われていた。彼女は一回戦でダブルフォルト二三本、二回戦の日本人の佐伯《さえき》美穂《みほ》相手にダブルフォルト三一本、三回戦でダブルフォルト一四本。合計六八本のダブルフォルトを出す乱調ぶりだった。このとき、会場は何が起こったのだとどよめきで騒然となった。彼女はそれでも三回戦まで進んだのだから、なかなかの実力者である。

かつて、卓球に坂本竜介《さかもとりゅうすけ》という選手がいた。小学生時代から全日本大会で優勝をするなど頭角を現し、中学時代も全日本を制覇、高校時代は怪童と呼ばれた。卒業後は協和発酵工業（現協和キリン）でプレーした。全日本選手権でランク入りすること六回、平成一七（二〇〇五）年にランクベスト四、一六（二〇〇四）年、一八（二〇〇六）年に全日本混合ダブルス優勝、二四（二〇一二）年全日本社会人選手権男子ダブルス優勝と、その戦績は輝かしい。

彼も、社会人となった入社一年目にサーブイップスを発症した。海外留学から帰国して、日本リーグのホームマッチのときだった。その日は、社長も観戦するという大事な日だった。それもプレッシャーになった。サービスを打つときに、自分の手が意思通りに動かせなくなったのだ。トスする右手が震え（彼は左利き）、左手は動かなくなった。サーブミスを連発し、この日は症状のため、サービスは一種類しか出せなかった。

病院の神経科やスポーツカウンセラーにも相談したが、治らなかった。ラリーもレシーブも打てるが、サービスが駄目だった。練習では打てるが、試合では打てない。症状のことはチームの仲間にも隠した。団体戦に出たかったから症状のことを言わなかったのだ。サービスのとき手を替えられればと思ったとも言う。その苦しみと戦いながらの現役生活だった。彼は平成二四（二〇一二）年度をもって第一線から退き、二八歳で引退した。

サーブイップスはバレーにも見られる。バレーでは上手くパスができないイップスもある。

陸上のハイジャンプでは、背面跳びのときに失敗する怖さから、無意識にバーを握ってしまう事例もある。

体操では跳馬のとき、名前をコールされても走り出すことができない。手を挙げて一分以内に走り出さなければならないが、一分が過ぎて失格になる選手がいる。足が硬直して動かないのである。いつまでも鉄棒から手が離せない体操選手もいる。彼らは「手に悪魔が入る」と表現する。

ウエイトリフティングの選手は、バーを引っ張ることができない。過去に試合でバーから手が離れて失敗して負けた。いつも挙げている重量なら、バーを握って引っ張れるが、自己記録に挑戦すると、引っ張ることができない。

イップスの事例はとめどなく存在する。本書で挙げたのは、氷山の一角である。これらの他にもたくさんの症状がある。

江戸時代に見られたイップス

日本古来の弓道にもイップスは見られる。それは早気《はやけ》である。矢を放つとき、弓をいっぱいに引いた状態のまま矢を放つタイミングをはかる「会《かい》」という段階があるが、会を十分に持てず、早期に発射をしてしまう癖である。

〈はやけ　矢を引いて法のごとく納まらず、自分の意に反して離してしまう病。これには精神的に起こるものと射術の不備からくるものとがあり、難治とされている〉(稲垣源四郎『弓道入門』東京書店)

この原因には、技術的な問題もあるが、肉体的な緊張、精神的な焦り(的に当てたいという気持ちが強すぎる、失敗を恐れる)から発症する。

これも、症状が深刻化すれば射形(いわゆるフォーム)を直しただけでは難しく、決定的な矯正方法は今もない。早気は古くから見られ、江戸時代の寛政《かんせい》期の旗本が早気に罹《かか》り、症状を克服するため、屏風《びょうぶ》、紋服など大事なものを前において、弓を引き放たないようにする訓練を行ったという逸話がある。どうしても放ってしまうので、ついに自分の子供を的にして、引いたままでいられるよう訓練したという。なお、これと逆に腕が固まり、弓を持ちすぎるのを「もたれ」、手を弓から離す決心がつかないうちに離してしまいそうになったり、離すときに決心がつかず弓を引き直したりするのを「びく」という。

弓を弱いものに替えたり、弓懸《ゆがけ》（弓を引く道具）を替えたり、バランスを変えたりという方法も行われるが、特効薬としての効果はない。

〈気成り心にて直すべし。おしへにては直りがたし〉

江戸時代寛文《かんぶん》七（一六六七）年に書かれた『日置流弓秘傳之書』（坂部次郎左衛門著）では、すでにこのように述べられている。

アーチェリーでは、弓道と同様の現象を総じて「ターゲットパニック」と呼ぶ。早気に似た症状に「クリッカーチョンボ」がある。ターゲットパニックの中に含まれる症状だ。

スポーツ心理学から見たメカニズム

ここからはスポーツ心理学、神経内科の視点からメカニズムについて述べたい。研究者によって、あるいは指導者、選手によって、イップスのとらえ方については若干の違いがあるのは止むを得ないが、それぞれの考察を辿《たど》ると一致している点も多い。そこに、イップスの本質がありそうだ。

専修大学教授の佐藤雅幸《まさゆき》の研究領域はスポーツ心理学であり、とくに知覚運動学習、メンタルトレーニングを専門としている。研究テーマは「スポーツにおけるイップスとジストニアの関係：JSPS科研費二五三五〇七八〇（基盤研究（C））」である。

佐藤は学生時代、本気でプロテニスプレーヤーを目指していた。夢はかなわなかったが、その経験を生かして指導者となってからは、同大学の女子テニス部の監督を長らく務め、平成四（一九九二）年に全日本大学対抗テニス王座で優勝に導いている。平成一三（二〇〇一）年からは、「修造《しゅうぞう》チャレンジトップジュニアキャンプ・メンタルサポートスタッフ」も務めている。

大学の研究室で、ときにゴルフのクラブ、ラケットを交えながら丁寧に説明してくれた。

「イップスは、技術がある程度習熟した人に起こります。オートマティックにできていた技術が、ある日突然何らかの影響でできなくなるのです。下手な選手がミスをするのとは違います。練習を一杯やっていても、テニスならサーブが入らないときに、体が自由に動かないという現象が出ます。よくメンタルの問題と言い張る人がいますが、心と体両方から見ていくことが大事です」

どういうことか。佐藤はパソコンを例にメカニズムを話してくれた。イップスは運動プログラムの使い過ぎで、パソコンで言えば「バグる」状態である。コンピューターが仕様書にない処理や動作をするようになったことと似ている。

「パソコンのプログラムをずっと使っていますと、メモリーも一杯になりますし、プログラミングもミスが出てきます。それを修正しないと上手く働かなくなる。要は使い過ぎによってバグる。バグるからクリーンにしなければいけない。だから、イップスは経験豊かな上級者に起こると思われます」

メモリーに余裕がある状態だと、イップスの症状は出てこない。メモリーが一杯になった状態を人間の体に換言すると、脳からの指令が使い過ぎによって正しく神経に伝わっていかないという状態である。そのためには過度に使わない、つまり休ませることが必要になる。

「だから、適度な休憩が必要になると思うのですね。イップスの人がコーチから、お前は練習が足りないとか、メンタルが弱いからだ、根性が足りないからもっと練習をやれとか言われ、練習をやればやるほど駄目になった例があります。練習が足りないからそうなるのではないということです」

イップスはジストニアの可能性が高い

イップスは練習のしすぎ、同じところをずっと練習をしていくとピークに達する、その後もやりすぎると運動のプログラムが壊れてしまう、という理屈である。この状態に近いのが、理容店などでハサミを使いすぎて、ハサミを持った瞬間に、手が震えてしまう現象である。歌手で突然声がでなくなるなど、イップスとは呼ばないが、同様の症状はある。これは、医学的にはジストニアに分類される。ジストニアはあまり症状が知られていないが、大脳基底核に障害が起こり、筋肉に意思を伝える中枢神経機能の抑制系が低下して異常をきたす、過度に筋肉が作動して運動の目的を遂行できないという障害である。佐藤は、イップスはジストニアの中に入るものだと考える。

具体的に、どのような症状を起こすのか見てみよう。「NPO法人ジストニア友の会」のホームページによれば、次の症例がある。

自分の意思通りに筋肉が動かなくなるわけだから、首が上下左右に傾く。足がねじれる。まぶたが勝手に閉じようとする。声が出ない。鉛筆や箸《はし》が持てない。口が開いたままで閉じられない。口を閉じたまま開けられない。特定の楽器がひけない。

東京大学大学院総合文化研究科准教授の工藤和俊《くどうかずとし》の「イップス（Yips）と脳」（「体育の科学」五八巻二月号・二〇〇八年）を読み解きながら、佐藤は説明してくれた。それによれば、手や指を使う職業である音楽家、作家に見られる症状に職業性ジストニアがある。あるギタリストの指に触刺激を与えたとき、大脳皮質の応答部位には明らかに変質が見られるという。

ジストニアではない左手を支配する大脳半球では、それぞれ指の部位によって応答する部位が違う。しかし、ジストニアに罹った右側の大脳半球では重複した状態になっている。同じ動作の繰り返しで、脳のそれぞれの指を使う部位が接近し、重なってしまった。これを元の部位に戻すことが治療になる（論文内容は二四〇〜二四二頁で詳説する）。

「薬指を動かそうとすると、中指も動いてしまうわけです。単独で動かないんです。何度もやっているうちに、脳でそれぞれの指を動かす部位が寄って来るというのです。これを離すための分離トレーニングが必要になります。その一つが休ませることです」

書痙《しょけい》という病気がある。これはかなり昔から現れた病だが、手が震えて字が書けなくなる。一般の人にも見られるが、作家など文筆業を生業《なりわい》とする人にも多く見られる。かつて瀬戸内《せとうち》寂聴《じゃくちょう》が書痙になったとき、「これで自分も一人前の作家になったような気がする」と語ったそうだが、これは書く行為の量の多さによって起こることを示している。

書痙には妙な特徴があって、ある人は自分が嫌なボールペンを持つと手が震えるが、万年筆では出ないという症例もある。万年筆は駄目だが、毛筆は大丈夫というときもある。

これはテニスのトスイップスにも見られる症状で、テニスプレーヤーはサーブのトスを上手く上げられなくなることがある。トスを上げる左腕が固まってしまうのだが、ボールより少し重い鉄（二〜三キログラム）の球であれば上がるのだという。軽いピンポン玉でも上がる。ところがテニスボールを持つと、このボールの重量に反応して、トスが上がらなくなる。

「テニスの選手が試合で違うボールを使うわけにはいかないので、左手のリストバンドに若干重い重量（一〇〜二〇グラムの鉛）のものを入れて、ボールを持っても、イップスにならない状態を作ります。テニスでは、指先がものすごいイップスになることもあります。そのときは、手袋を左手にはめて改善した人もいます。いずれも国内トッププロ選手および実業団クラスの選手に見られた事例です」

イップスは、佐藤によればクローズスキルのときに起こりやすいという。クローズスキルとは、運動の動き出しが相手ではなく自分にあるときである。キャッチボールで言えば、相手からボールを受けるのではなく、自分からボールを投げるときである。止まった状態から自分が動き出す場合である。これを、トリガー（本来はひきがねの意）と言うこともある。

トスが上手く行かない場合は、トリガーである左手に問題がある。そのときはまず歩きながら、ボールをトスすることで解消する。この場合、トリガーは足になる。左手から動く運動プログラムに問題はあっても、足から動く運動プログラムがスムーズにいけば問題はない。トリガーを変えることによって、今まで引っかかっていたものが治る場合もある。

「投球動作におけるイップス症状に対して、薬の投与によって筋肉を弛緩《しかん》させることである程度改善でき、自由に運動もできるようになることがわかっています。ただ、職業的に行う選手が同じ投球フォームで治していくのは難しいところもあるのかなと思います。イップスは心因性と機能的なものが絡まっていますから、見立てを間違わないことが大事です。機能に問題があるのだったら、機能を解決するような対応をしなければならない。要は使い過ぎによってイップスは起こるわけですから、そのメカニズムを選手自身が理解することで改善するときがあります」

克服はメカニズムを知ること

佐藤はイップスのメカニズムを知ることが大事だと何度も語った。運動プログラムからすれば、誰にも起こりうる現象なのだという認識を持つことである。その改善方法はいろいろあって、自分に合う方法を見つけていくしかない。正しく理解し、正しく悩み克服することで、人間的にも成長することがある。それは選手の痛みのわかるコーチとなったり、引き出しの多い指導者になったりして生かされることもある。そこで培われた対応力は、その後の人生を生きていく力にもなる。

じつは、佐藤自身もイップスの経験者である。先述したように、彼は大学時代テニスの選手で、国体や全日本学生選手権に出場するレベルにあった。

彼は昭和五二（一九七七）年にフォアハンドでボールを打つ瞬間に、手首が振動して不自然に回転し、ラケットが上に向いたり、下に向いたり、上手く打てない時期があった。そのためボールがコントロールできず、チャンスボールや間があるときに症状が出た。当時はイップスという言葉が広まっていなかったため、何だこれはと思いながら、手首を固定するテーピングをしたり、石膏《せっこう》で固めたりしたが、効果はなかった。アメリカを代表する総合病院のメイヨークリニックにある文献を読んだところ、「スポーツクランプ」について症状が書かれたものがあり、そこにイップスの事例が出ていた。クランプとは痙攣《けいれん》のことだが、メカニズムを調べて、自分の症状の成り立ちがわかったという。そこからフォームを両手打ちにするなど変えることで症状は治まった。

佐藤はイップスとジストニアとには相関があるのではと仮説を立てて研究し、平成二一（二〇〇九）年「JTA第二九回テニス・メディカルセミナー」で、他の研究者とともに「テニスにおけるイップスとジストニアの関係」について発表した。

佐藤らはイップスをこう説明する。

〈スポーツの場面で起こる、無意識的な筋活動の乱れであり、ある一定の時間をかけて学習され、自動化したスキルが、何らかの身体的、精神的な原因で自己制御できなくなる状態を呼ぶ〉

なお、佐藤によれば運動課題として一番難しいのが、「ゆっくり、丁寧にやる」ことだという。ボールを投げるのも、字を書くのもそれは同じである。筋肉の緊張度も格段に高い。野球で打撃投手にイップスが多いのも、投手が一塁へゆっくり送球するのが難しいのも、そこには確かな根拠があった。

医学から見たイップス

ジストニアという言葉がマスコミに出たことがあった。平成二四（二〇一二）年四月に「米米ＣＬＵＢ」のフラッシュ金子《かねこ》が、職業性ジストニアのためにサクソホンを吹けなくなったことが報じられた時のことだ。

報道によれば、サクソホンを演奏しようとすると筋肉が収縮したり、硬くなったりするのだという。症状が出たのは、平成一七（二〇〇五）年冬だった。日常生活では支障がないが、サクソホンを吹くときだけ、原因不明の痺《しび》れや震えが出るのだという。すでにこの時点で六年も症状に苦しみ、この間、彼はサクソホンをステージで吹かないことが多く、ファンからは疑問に思われていたそうだ。症状を公表し、しばらく演奏は休むという報告があった。その後はキーボードを中心に演奏しているという。

イップスと関係するジストニアとは何なのか。イップスはどう関係しているのか。佐藤が共同で研究を進めている、ジストニアを専門とする聖マリアンナ医科大学神経内科准教授の堀内正浩《ほりうちまさひろ》に話を聞いた。

堀内によれば、ジストニアは医学用語である。ジスは異常、トニアは緊張という意味で、ジストニアは筋緊張異常症と同じだという。

「あるときこういう奇病が始まったわけではなくて、名前がついたのがいつなのかはっきりしない。イップスもね、これは俗称で、ゴルフで使う言葉だった。イップスは医学用語ではありません。野球では、かつては該当する言葉が無くてノーコンとも言いましたね。ジストニアでは、イップスは突発性局所性ジストニアになります。例えば、イップスは緊張で手が震えるものもありますから、イップスの中にジストニアがあって、その他の症状も含まれるかもしれません」

そして、これもパソコンと同じである。

「だんだん脳の使うところが大きくなってしまうんです。音楽家は繰り返しやっていくことによって、別々の部位が重なってしまうから、演奏ができないという理屈です。筋肉じゃなくて脳なんですよ。コンピューターのCドライブがいっぱいになると動かなくなるからDドライブに移すしかなくなる。あるいはいらないファイルを捨てるか。そうしないと動かないのと一緒です」

最近見られる事例としては、一〇〇〇円カットハウスの理容師がハサミを使えなくなったケースがあった。とめどなく来る客を一日中休みなくカットしていくうちに、手が動かなくなってしまったのだ。櫛《くし》も髪の毛に入らなくなった。トリマーにもハサミが使えなくなる症状が見られる。共通するのは、同じ動きを繰り返すという点である。かつてはタイピストにも見られた、ライターズクランプである。昔は速記するときタイプライターを使ってやっていたが、ソフトタッチができないので、強くタッチする。会議が終わったときに、すべて打ち終えていなければならないから、速さも要求される。そこからジストニアの症状になるのだ。

理容師の患者などは薬を投与し、注射も打ちながら、一日一〇人程度切る店に移ったら、良くなった。声が出ない歌手も歌えるようになった。ただスポーツの場合、治療は難しい。

「薬を投与することになるから、パフォーマンスは落ちますね」

ジストニアには内服薬が投与されるが、特定の薬がすべての人に効果を見せるわけではない。いろいろな薬を試しながら、効果を見ていくことになる。

抗コリン薬、筋弛緩薬、抗てんかん薬、睡眠薬、抗パーキンソン病薬、抗ドパミン薬、抗不安薬などである。最後に、堀内は言った。

「イップスがジストニアだとは一般に定着していないと思いますよ。定義になっていないです。まず、ジストニアを説明できる人が少ない。神経内科でもやっている人は少ない。がんや心筋梗塞《こうそく》と違って、これで生きる死ぬはないから、どうしても研究者は少なくなる。僕はたまたまスポーツも音楽も好きだからやっていますが、イップスを医学的な論文にするにも、科学的なデータがないといけませんし、インフォームドコンセントがとれないといけませんから、スポーツを論文にするのは難しいのです」

堀内の表情からは、有効な治療法を確立させたい強い気持ちと、同時に何ともし難い現実が垣間《かいま》見《み》えてくるのだった。

イップスの本体に迫る

佐藤雅幸は先述した工藤和俊（東京大学大学院総合文化研究科准教授）の論文を紐解《ひもと》きながら、筆者にイップスのメカニズムを説明してくれた。工藤はスポーツ科学が専門で、とくに『巧みさ』の身体運動科学」を研究テーマにしている。自身も器械体操の選手であった。その土台の論文を書いた工藤に話を聞き、まずイップスの定義を尋ねた。

「イップスは、同一の運動の過度な繰り返しによって生じる脳の構造的・機能的変化を伴う病気です。スポーツにおけるイップスは、音楽家や文筆家の運動障害と同じ局所性のジストニアと考えてよいと思います」

指など特定の箇所に症状が出ることと、ピアニスト、ギタリスト、トリマー、作家など職業的な特性によって発症しやすいことから、職業性ジストニアと言ったりもする。

スポーツでは、同じ練習をやりすぎることで、脳の大脳皮質運動野に非適応的な可塑的変化が生じ、思い通りの動きやパフォーマンスが再現できなくなることをさす。

投手を例に挙げれば、同じ投球を過度にすることで、大脳皮質運動野が意図に反して過剰に活動するようになり、正常に機能しなくなってしまう。投げると自分の意思にかかわらず、コントロールが大きく乱れてしまう。

運動選手が上達するためには、ある程度熟練するまで反復練習は大事だが、度を超えた量になると、脳から身体への指令が上手くゆかず、制御不能の状態になることがあるのだ。

「イップスの原因は昔だと強迫神経症（強迫的な観念にとらわれ同一の行為を繰り返してしまう）や不安神経症（過剰に不安を感じ発作やパニックを起こしてしまう）が原因だと思われていました。しかし今は同じ行動の過度の繰り返しのため、身体に不随意運動（本人の意思に関係なく体が勝手に動く現象）が出てきていると思われます」

不随意運動は、脳梗塞や脳出血、パーキンソン病など脳・神経系の病気で起こることが多い。

ジストニアは、その不随意運動を発症する一つの病気である。筋肉の異常な緊張で体のある部位が言うことをきかなくなるのだ。ジストニアには様々な症状がある。

「NPO法人ジストニア友の会」のホームページの記載によれば、首がねじれたり、上や下、左や右に傾く。足がねじれる。まぶたが勝手に閉じようとする。声が出ない。体がゆがむ。あごがずれるなど、じつに多様な症状がある。その中で体の部位から分類すると、全身性、局所性（体の特定の箇所）、分節性（局所性が隣接領域に波及する）にわかれるという。

ジストニアもかつては神経症に分類されていたが、患者に神経症診断テストをしても健常者と変わらなかった。そのため、現在では心理的な病ではなく、脳や神経系統の障害で起こる難治性の疾患であると言われている。

工藤がイップスに関心を持ったのは、平成一九（二〇〇七）年頃である。「日本スポーツ心理学会」で、専修大学の佐藤と会ってイップスについて話したのがきっかけである。佐藤もアメリカの文献などを調べるうちに、イップスを心理的な問題でくることには無理があると思っていた。「スポーツクランプ」という論文に書かれた用語から、ジストニアとの関連と考えていたのだ。工藤も自身の専門領域の立場から、佐藤と同じことを考えていた。

その学会では、ある大学の教授が、イップスを治すのには心理療法、催眠療法が必要であると発表し、会場も心理的な分野からの関心や意見が多かった。

学会で近くの席にいた佐藤と話をしてゆくなかで、当初からあった「これは心理的な原因だけじゃないな」という直感が工藤のなかで確かなものになっていく。

「私の専門は『運動の学習』とか、『運動の制御』です。が、その方向から見てゆくと、心理学だけでなく、神経科学の領域からイップスをとらえていく必要があると思ったのです」

このときから工藤は研究を進め、平成二〇（二〇〇八）年にイップスと脳のかかわりについての研究成果を、「イップス（Yips）と脳」という論文として「体育の科学」（五八巻二月号）に発表した。彼はそこに、ある右利きのプロゴルファーの事例を引用した。

イップスに罹患《りかん》した選手のパッティングの筋活動を、健常な選手と比較している。イップスになった選手は、右橈側手根伸筋《みぎとうそくしゅこんしんきん》（右腕の肘《ひじ》から手首の間にある筋肉・手関節を動かす）が最も激しく活動し、次に右上腕二頭筋も激しく活動した。全体的に右利きのイップスの選手は右腕の筋活動が亢進し、左腕は右に比べれば大きくはない。

この選手は、ドライバーやアプローチは打てるがパットが打てない。また髭《ひげ》を剃《そ》る、字を書くことも支障はない。精神疾患症状もない。

〈イップスに罹っている選手は、そうでない選手に比べて明らかに筋活動が亢進している〉（前掲論文、九六頁）

工藤が強調するのは、聖マリアンナ医科大学神経内科准教授の堀内正浩も述べたように、手指をよく使う演奏家や作家、理容師、タイピスト、裁縫士、時計工などにイップスに似た症状が見られる点だ。音楽で言えば、ある一本の指を使って弦を押さえようとすると他の指まで一緒にくっついてしまう症状があげられる。

工藤はこう指摘する。

〈これらの症状を呈するのは熟練職人に限られており、見習いが罹ることはない〉（前掲論文、九七頁）

この症状が「職業性ジストニア」とも呼ばれる所以《ゆえん》である。主にこの症状が出るのは、手なのだという。

「手以外だと口の周りの筋肉にも出ることがあります。金管楽器、ホルンとか、フルート、トランペット、口で吹く楽器にもジストニアが出ます。口の周りはすごく細かい筋肉が隣接しているので、症状が出やすいんです」

そういえば、私も浪人時代は右腕が固まってしまって、軽度の書痙になり、文字が書きづらいときがあった。しかし、そのときに強い精神的な不安感や緊張はまったく無かった。早めに切り上げて、手を休ませると、翌日は軽快したものだ。大学に入学すると症状は自然に消えた。

「歴史的に書痙が増大したのは産業革命以降です。この時代にはペン先が羽から鉄に代わり、インクをペン先に付けることなく連続した書字が可能になりました。また、すばやく字を打つことのできるタイプライターが開発され、電鍵をすばやく叩いて情報を送信するモールス通信が普及した時代には、やはり手指を長時間にわたって継続的に使用するタイピストや電信技士に、書痙の症状が現れました」

過度の繰り返しを伴う指の運動が、書痙を発症する要因になった。可塑的な同一行動の繰り返しをすると、なぜジストニアの症状が出てしまうのか。それは、脳に変化があらわれるからだと工藤は説明した。

「NPO法人ジストニア友の会」のホームページでは、ジストニアは、大脳基底核、つまり神経系統に障害があると書かれている。

いったい脳のどこが問題なのか？

工藤はパソコンを開いて、脳の画像を見せてくれた。なぜ手や口に職業性のジストニアが出やすいのか。

「脳の皮質に占める位置から言いますと、手や顔を司《つかさど》る部分はものすごく大きいんですね。足はすごく小さい。小さいところは職業性ジストニア症状は出にくいんです。だからイップスも手に出やすいんです」

ただしこれは職業性、局所性のジストニアの場合で、全身性のジストニアでは足にも症状は出る。

彼の論文に「職業性ジストニアに伴う感覚運動野の病的変化」という図（次頁を参照）がある。

脳を顔の正面側から撮った写真だが、ジストニア症状になったギタリストの写真だ。指に触刺激を与えたときの大脳皮質感覚野の応答部位を示したものである。

脳には、身体の部位に対応する感覚運動野が規則的に並んでいる。

左右ともD1が親指、D2が人差し指、D3が中指、D4が薬指、D5が小指である。

この人は左が健側指（障害のない側の指）、右が患側指（障害のある側の指）である。ジストニアに罹っていない指を支配している右半球の脳（non-dystonic hand）では、指に刺激を与えると、D1からD5までの場所が、それぞれ離れて独立して機能している。ところが、ジストニアに罹っている右手の指に刺激を与えると、D1からD5までがほぼ重なった状態になっていることが判明した（affected digits）。健康な指と、ジストニア症状の指の動作の差異が、脳に反映されていたのだ。

「ピアノとかギターだと、同じ時間に指を一緒に活動させますから、それぞれの筋肉に関連する神経細胞の結びつきが強くなっていきます。繰り返しをし過ぎると、それまでは別々の動きをしていた指が一緒になって、狭い範囲の枠の中にすべての筋肉の動きが入ってしまうのでしょう」

健側指で見られた別々の部位が、繋がってしまい、人差し指を動かしているつもりでも、他の指まで意思とは無関係に一緒に動いてしまう。

〈脳には身体部位に対応する感覚運動野部位が規則的に並んでいます。同一パターンの動作を繰り返し行い続けると、感覚運動野の興奮が高まるとともに活動範囲が変化して複数の領域がオーバーラップし、独立していた部分が合わさってしまいます。これにより、体部位再現性が

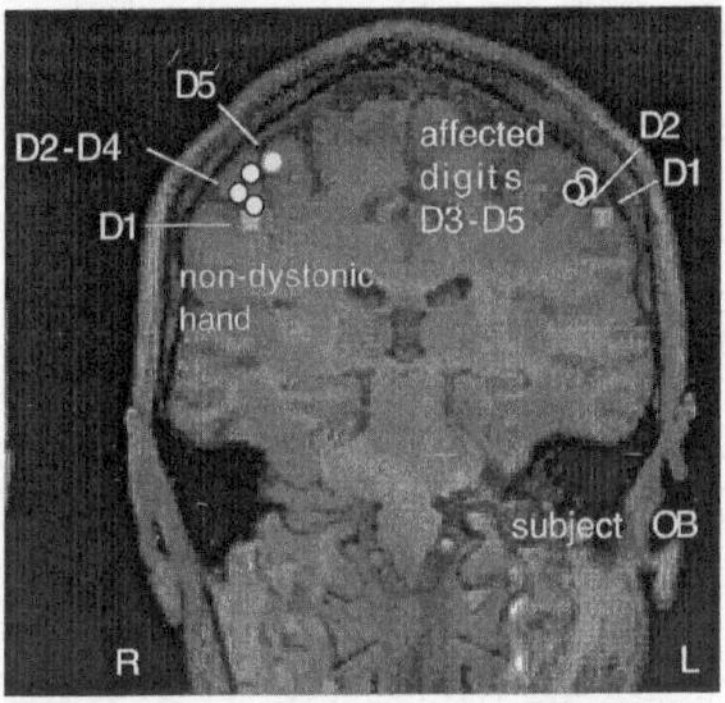

職業性ジストニアに伴う感覚運動野の病的変化（Elbert, et al., 1998）

失われて、意図とは異なる運動が現れたりします〉(「試合で力を発揮するための運動技術の学習における多様性の大切さ」「コーチング・クリニック」二〇一五年三月号、一二〜一三頁)

運動の自動化とよく言われるが、何事も反復練習の結果で、自然に体が技術を体得する。工藤は語る。

「運動を自動化するというのは、何も考えなくても一連の動きができるということです。これはごく正常な学習プロセスですが、これが過度の繰り返しによって、脳にあるD1からD5の部分が時間的に近接して活動するとそれぞれの結びつきが強くなり、どこか一か所を活動させようとすると、周りも引っ張りこまれてしまう可能性があるんです。そこまで行くとジストニアの症状になってしまいます」

何度も同じ練習をやることは運動の技能習得には必要である。しかし、これが度を過ぎると、異常事態を起こしてしまうのだ。

再び脳の構造に戻るが、指や口を司る大脳皮質の感覚運動野は他の体の部位よりかなり大きい。

手、指に局所性ジストニア、すなわちイップスが発症するのも、ここに理由があるようだ。

イップスは心理的要因ではなく、脳の作用で起きるのである。

メンタル説への懐疑

入来祐作が、取材時に病院に行ってもイップスは治らないと答えたことは先述した。私は取材時に彼が「精神的にどうとかじゃなく、どんな人でもイップスになる。性格は関係ない」と強調したことも印象に残っている。

その後、何人かのイップス経験者に取材して私が感じたのは、彼らが心理的な疾患に罹っているとは全く思われなかったことだ。どの選手も明朗快活、そして勝気な性格であった。そのときから、イップスをメンタルの側面のみから見ることは違うのではないか、と感じるようになった。

イップスなのか、イップスに似た症状なのか。その区別が大事なのだ。

工藤は平成二八（二〇一六）年のリオ五輪のトランポリン種目で銀メダルに輝いた、ブライオニー・ペイジの例を挙げてくれた。彼女はトランポリンでジャンプができない状態になった経験がある。それを克服してメダリストになった。この症状をイップスと言う人もいる。しかし工藤は、彼女の症状は心理的な要因で動きを失ってしまう「ロストムーブ症候群」で、そう説明している論文もあると教えてくれた。

「これがイップスと同じなのか違うのか議論はありますが、スノーボードの大きなジャンプや体操などは大怪我をとくに怖がる心理がありますから、すごく怖い気持ちのため、運動ができないケースもあります。これは心理的ストレス性の運動機能不全で、イップスと見なさないほうがいいように思えます」

似た事例として、野球の指導者に叱られて選手がボールを投げられなくなったケースもこの部類だろう。とくにそれまで過度な練習をしていなければ、叱られる不安から運動が遂行できない、心理的ストレス性の運動機能不全の可能性が高い。犬に噛《か》まれた経験があると、犬を見るだけで足がすくみ、身体が震えることがある。それと同じだ。

大きな不安や恐怖でプレッシャーに押しつぶされて、普段のパフォーマンスができないケースは、イップスと一線を画すべきなのだろう。これは、不安になると脳の中で情動に関わる扁桃体《へんとうたい》の活動が増大するため、前頭葉機能が低下し、上手く動けなくなるケースであり、ジストニアとは違うと考えられている。

「扁桃体ハイジャック」という用語がある。心理学者のダニエル・ゴールマンが平成前期（一九九〇年代）に著書の『EQ　こころの知能指数』（講談社）で広めたものである。

脳の前頭葉にはものごとを認知し、実行する機能がある。通常は前頭葉で直面する出来事を理性によって認知して、その情報を扁桃体に送り、人は怖い、怒る、快・不快などの感情的な反応を示す。

ところが、人は獣に襲われそうになるなど、極度の不安を前にすると、扁桃体自身が急激に活性化し、前頭葉の機能が低下し、扁桃体から脳全体に指令を出してしまう。すると、人は理性が働かず、思考も停止して咄嗟《とっさ》に逃げるか、立ち向かうかの行動をとるのだ。扁桃体が脳の各部署に指令するから「扁桃体ハイジャック」と言う。前頭葉機能が低下したとき、扁桃体のハイジャックで足がすくんで動けなくなるケースも出てくる。ペイジがトランポリンで飛べなくなったのは、この事例ではないだろうか。

「不安によって扁桃体がハイジャックされ脳の働きを変えてしまい、運動が上手く行かなくなる場合が出てきます」

運動選手にとって、失敗はゆるされない極度のプレッシャーがかかる場面、そしてミスへの恐怖。これらが扁桃体を異常に活性化させてしまう。それが動きをスムーズにさせない原因だ。

しかし、これは局所性ジストニアとは区別されるべきだろう。世間では心理的ストレス性の運動機能不全もイップスに入れているように思われる。

「これをイップスと呼ぶと混乱が生じてしまいます。すべてメンタルの問題に結びつけると、イップスと他の症状がごっちゃになる可能性があるんです」

ただ、この分類法もまだ定説には至っていないという。もし心理療法に効果があるとすれば、それはイップスに悩む本人の精神的な落ち込みをフォローするという点である。心の落ち着きが得られたら、大脳皮質の興奮性を低下させ、イップスが改善する可能性もなくはないが、それは二次的な治療法で、イップス本体の根治にはならない。

イップスという医学用語はない

イップスは深刻な症状にもかかわらず、診断名が医学用語として存在しないことは前にも述べた。したがって、この症状を誰が、どこで、どんな基準（症状度）で判断するのか統一した基準がない。漠然としたイップスの定義がいろんな形で流布している。

本人が認めればイップスになるのか、本人は否定しても、周囲がそう判断すればイップスになるのか。阪神の藤浪晋太郎は「自分はイップスではない」とコメントしている。だが、報道陣は「イップスではないか」という見方が強かった。工藤も首を傾げた。

「藤浪さんがイップスかどうかは微妙ですね。本人も違うって言っているそうですね。投げる球全部が暴投か、ワンバウンドだったら別ですけど。いいピッチングもしていますからね。スポーツ全般でいえば、イップスに関係なく長い選手生活の中でパフォーマンスが下がったり、上がったりするのはよくあることです。下がった時にイップスだからだと原因を作ったりしますが、そうではなく、短期的にみても長期的にみても、浮き沈みは自然に起こることなので、そう騒ぎ立てないほうがいいと思います」

イップスに見えても、投げ方の悪い癖があったために制球が定まらなかっただけで、正しいフォームを訓練で身に付けたら制球が向上したという例もある。これは、単純に技術的な問題だ。

プロゴルファーの佐藤信人は、雑誌の企画で自分のパットを打つ動作を下からカメラで写された。その写真を見たことで、フォームがおかしいと思い悩み、イップスになったと述べている。そこから考えられるのは心理的な原因である。しかし、これは発症するきっかけに過ぎない。直接的な原因は、以前の段階でイップスを発症しやすい土壌が作られていたからという見方も可能なのだ。つまり、症状には出ていなかったが、同じ運動の繰り返しで、職業性（かつ局所性）ジストニアの素地が作られていたのではないかということだ。

本書でプロ野球の指導者も語っているが、イップスに罹った選手は、もともと技術的な欠陥を抱えていることが多い。上半身と下半身の連動が悪いため不自然なフォームになり、イップスを発症しやすい土壌を持っていたと指摘する人もいる。

彼らがフォームを指摘され、気に病むことは十分ある。しかし、それはイップスの芽が表に出ただけであって、根本の原因はフォームそのものにあり、いつイップスになってもおかしくない状況にあったのだ。

工藤によれば、イップスはこういう表現もできるという。

「職業性ジストニアの『職業性』という用語について、海外の論文だと、タスク（課題）・スペシフィック（固有／特有な）という言い方もします。昔は職業と関係するという表現をしましたが、職業ではない人もいますので、同じ課題を繰り返すという意味で使われます。課題固有のジストニア、課題に特有な症状としてのジストニアというような意味ですね」

ここらがイップスの症状を的確に表した言葉のように思われる。音楽であれば、ジストニアに入るし、弓道では早気だ。イップスは野球やゴルフで主に使われる。用語も統一化されていないが、「課題固有の局所性ジストニア」が統一された妥当な用語にも思われる。

どうやって対処するのか

ジストニアの診療は主に「神経内科」が担当する。現在は精神科や心療内科との間違いをさけるため「脳神経内科」と呼ぶようになっている。

「一般社団法人日本神経学会」のホームページによると、脳神経内科は、〈精神的な問題からではなく、脳や脊髄《せきずい》、神経、筋肉に病気があり、体が不自由になる病気を扱います〉と書かれている。

局所性ジストニアの治療には、独特の指の訓練法の「拘束運動療法」がある。先述したように楽器の弦やピアノを弾くとき、使う指以外に他の指も一緒になってくっついてしまう症状がある。このとき、自由に動く指をハーネスで固定させ、ジストニアになった指を独立させて、ゆっくり動かすのだ。

症状のためにピアノの弾けない人には、ゆっくり指を独立させて弾く訓練を行う。速く弾けば、筋活動が接近してしまうからだ。まずはゆっくりと指を離して行う。よくなれば徐々に速くする。これを「スローダウンエクササイズ」という。

「イップスに罹っている指は感覚が鈍くなっているんですね。だから軽く触った時に触られたかどうかの確認、判断、他の指との判別をします。あるいは二つの尖《とが》った先を持つ針みたいなものを手に軽く触れさせて、これが一点なのか、二点なのか判別する感覚弁別訓練もやります。感覚の再組織化とも言うのですが、それで感覚を取り戻すようにします」

あるいは、経頭蓋磁気《けいとうがいじき》刺激装置を使って大脳皮質に電気刺激を与える方法もある。短い運動によって大脳皮質が興奮しているところに、一ヘルツほどの電気刺激を与えて、大脳皮質の興奮性を下げる方法である。書痙などは、これで症状が緩和された報告もある。

書痙はペンの持ち方、グリップ形状を変えて緩和したという報告もある。これを「compensatory strategy」（補償方略）と表現したりもする。ゴルフのイップスで、グリップを握る手を通常と逆にして打つこともこの方法である。

筋活動をモニターしながら運動する「バイオフィードバックトレーニング」もある。過剰な筋活動が発現しないように意識しながら運動練習を行う。ボツリヌス毒素を注射したり、脳外科手術を行うケースもあるが、効果は限定的とされている。決定的といえる治療法がないのが現状だ。

ほかに対処法を言えば、先述したように、まずはイップスになったら同じ行動を繰り返し行うことを中断し、休むことも大事である。これは予防という面からも推奨されるべきだろう。マルコム・グラッドウェルの「一万時間の法則」も参考になるかもしれない。

工藤は練習を続けてもイップスにならない人は、適度に休むスキルを身に付けているのではないかと述べている。逆に完全主義の人は、完全にできるまでいつまでも続けるので、イップス（ジストニア）を発症しやすい傾向にある。

元日本ハムの森本稀哲が、イップスを克服するために述べたことを思い出してもらいたい。要旨をかいつまんで言えば、捕ったら、ここに投げるという形を一つだけ決めること。それしか考えないようにすること。自分のリズム、形を決めておくこと。楽々とアウトにできる場面でも、自分の決めたリズム、形を崩さないこと、などである。送球に余裕があるからと、ゆっくり投げてしまえばイップスに襲われることがあるという。

これは、他の何人かの野手経験者も同様の指摘をしている。

元ヤクルトの土橋勝征も、イップスのときに守備走塁コーチの井上洋一からこう指導を受けている。

「ボールを投げるときに自分の投げる腕から一塁手のミットまで線を引くんだ。（略）その線にボールを送り込め。（略）その一点に集中するんだ」

意識のすべてを線に集中させ、余計なことは考えずに投げる。そうやって送球ができるようになった土橋だが、後に楽な体勢になるとイップスが出てしまうことがあった。

「ちょっと手を抜くじゃないですか。（略）悪送球が出るのですよ。（略）しっかり捕って、足腰を使って確実に投げれば何てことはない」

きちんとしたフォームで投げる。元日本ハム投手の岩本勉も、イップスに苦しんでいるとき、正しく投げるためのフォームを身に付けるため、野手の練習をしている。確実に捕って投げるという基本動作を身に付けるためだ。捕ってすぐ投げるためには足を使わなければならない。そういう一連の動作の原点に立ち返ったのである。

工藤も語る。

「自分がきっちり練習して自動化している運動は、運動の作り方、プランニングの仕方というのがあって、余計なことを考えずに淡々とやると上手く行くという経験則は存在しますね。テニスでも相手の球がすごく速くて何も考えられずにいると、上手く反応して打ち返すことがありますね。でも球が遅すぎて、こっちに打とうとか、むこうに打とうとか考えてしまうと失敗することがあります」

情報の遮断

そこで思い出したのが、かつて打撃投手の取材で話を聞いた元巨人の中條善伸だ。彼は横浜、巨人で二〇年ほど打撃投手を務めた。打撃投手の移籍は珍しいケースである。当時の巨人のヘッドコーチから請われて引っ張られたのだ。それだけ彼の技量が高く評価されていたことを物語る。

コントロールが身上の左腕の打撃投手だが、中條は東北高校時代、酷い制球難に苦しんでいた。第三章で触れたが、高校二年の昭和五四（一九七九）年の選抜大会では、一回戦の下《しもの》関《せき》商業相手に九人の打者に四球五を記録した。

夏の甲子園大会の一回戦は、済々黌《せいせいこう》高校相手に初回七打者へ五四球。三年の選抜大会では、九回に登板したが、三連続四球とノーコンの代名詞のような存在になってしまった。

それでも東北地区の予選では勝ち上がってくるのだから、甲子園大会での重圧に弱いのかわからないが、甲子園では乱調になる。

本人からはイップスという言葉を聞いていないし、地区予選では好投するからイップスではないと私も考えている。ただ、イップスの投手が立ち直る練習方法として、中條投手の例は大変参考になると思われる。

中條が三年の六月のときである。制球が一定しない中條を立ち直らせようと、社会人野球の名門プリンスホテル監督の稲葉《いなば》誠治《せいじ》が東北高校を訪れた。稲葉は、頭を無心にして投げられるように、ボールを捕手から受けたらすぐに投げるという、早投げというピッチングをさせる。これが中條のツボにはまり、見違えるほど制球力が安定した。夏の宮城県予選では、試合の殆《ほと》んどを完封勝ちし、彼自身四度目の甲子園出場を果たした。

もう甲子園のマウンドで動じることがなかった中條は、一回戦の長崎代表瓊浦《けいほ》高校を四対〇の無四球完封勝利。奪三振は一三で、被安打はたったの二であった。

どの年よりもホームベースが大きく見えたという。二回戦では優勝候補の千葉代表習志野《ならしの》高校と対戦したが、ここでも七対〇の完封勝利。被安打四で、与えた四球は二であった。三回戦の静岡代表浜松《はままつ》商業戦では味方の二つのエラーに足を引っ張られ、四対六で敗れたが、四球は九回を投げて二個しか与えていない。

中條は、このピッチングスタイルを変えずに、卒業後は巨人に入団し、その後南海ホークス（現ソフトバンクホークス）では中継ぎ投手として活躍した。

自分のリズムを作って変えない、余計な選択肢を与えない、考えない。シンプルにパフォーマンスを実行することが、イップスを乗り越える大事な方法で、普遍的な訓練法である。

「捕ってすぐ投げる、余計なことを考えない、これはいい方向のパフォーマンスに変える作用を持ちます。テンポが一定になってくると、広い意味でのルーティンの形になるんです。選択肢がないような状態を自分で作ってシンプルに運動を遂行すると、非常に上手く行くことがあります。イップスとは別に一般的な運動のやり方、コツになります」

佐藤信人のコーチを務めた井上透が「情報の遮断」の必要性を語ったのも重要だ。第四章で述べたことを振り返りたい。

佐藤がヨーロッパでの海外ツアーの出場権を勝ち取ったときである。佐藤は世界的にもトップクラスに位置するパターの上手い選手だった。自分のスタイルを持っていたのである。

だが、このツアーに井上は同行できなかった。

研究熱心な佐藤は、海外の選手を実際に見て、すべての選手から、いいものを吸収しようとした。これが彼の不調を増大させたのだ。このとき井上は「この選手には、この情報はいらない、この情報は必要だ」というフィルターの役割をするコーチが必要だったと思ったという。情報は大切だが、人によって要・不要は違う。不要な情報は人を混乱させる。

「むしろ情報を遮断することに意味があった」

井上はこう語った。これも自分のリズム、スタイルをシンプルに貫くことの重要性を物語っている。だから、自分のリズムを作ることが克服の一つの方法と言えるだろう。

イップスの医学的な治療については、病院の「脳神経内科（もしくは神経内科）」になるが、ジストニアを専門とする医師が多いわけではないので、事前にホームページなどで専門の医師がいるか確認する必要がある。また、大学病院系列でも行っているところもある。たとえば、大阪大学大学院医学系研究科神経内科学講座などでも行っている。「一般社団法人日本神経学会」のホームページなども参考にして欲しいが、症状のある方は、医学も日進月歩で進化しているので、ぜひご自分で調べ、確認し、自らの責任のもとで治療方法を決めていただければと思う。

近年、腸内環境の重要性が話題になっている。第一人者である順天堂大学医学部教授小林弘幸の自律神経の研究も、イップスの克服や原因解明に貴重な提言をなしえている。発生学的に言えば、脳は腸から発生したものだという。脳にあって腸にないものはない。イップスになる人は腸内環境がとても悪い。腸内環境を整えることで、自律神経を安定させることにもなる。

ジストニアは脳からの指令系統がなんらかの疾患を起こしていることになるが、腸が脳と関連性が深いとすれば、克服法の根底で共通する部分もあるのかもしれない。

小林も、イップスはメンタルから治すと案外失敗すると語っている。同時に、スポーツでは「心技体」ではなくて、「体技心」が大事だと言っている。体ができていれば、技術も心もついてゆく。イップスは心よりも、まず健全なる体があってこそ予防でき、克服できるということなのだろう。

イップスの本質は、心ではなく、体に第一義の問題があるようだ。

イップスとは何者か

すべてのイップスには、発症に繋がる技術的な欠陥がある。

人は風邪に罹る。風邪は身体の病気だが、人は誰しも病気になれば精神面が健康なときより弱くなる。だが風邪をひいて、神経科や精神科に行く人はいない。その主体とする病の専門家のところに行くことが大事であって、イップスをメンタルの問題に一元化すると、すべての病を精神科に治しに行くような事態になる。これでは解決に至らない。

病は気からというように、心の状態とは不可分にある。体が不調になったとき、だるい、熱がある、咳《せき》が出るという身体的症状が主なのか、眠れない、抑鬱になるという心の症状が主なのか、ここを取り違えると、症状を悪化させることになる。イップスはメカニズムを知ることが大事だというのは、そこにある。精神的に問題がなく、技術的な欠陥のみからイップスを発症することも少なくないのである。

次に、いつでも悩みを相談し合える人間関係を構築することである。昨今はネット社会で、とくに近年のSNSの進化は凄《すさ》まじいが、逆に安心して他者に悩みを打ち明ける、または相談に乗るという深く濃い関係を作るのは難しくなっている。そのことによって、人はますます孤独に陥り、早期にイップスを解消できたはずが深みに嵌《はま》り、今度はメンタルの問題も重くしてしまう。イップスに限らず、指導者や友人などといつでも気軽に悩みを相談し合える関係を築くことが望ましい。イップスの相談で専門家のところに来るのは指導者が多いという。なかなか本人が認めたがらない、隠したいという心理がそこにはある。

また、体育会系の強い上下関係の中で、イップスが発症する土壌が作られる。指導者、先輩の立場にある者は、伸び伸びとプレーできる環境を作り、選手一人一人の性格を把握したチーム作りをすることも必要だ。

もう一点は、イップスの経験者が、もっと自らの症状を明らかにしていくことである。現役時代は難しいかもしれないが、引退後には積極的に情報発信をしていくことで、イップスのメカニズム、克服方法が明らかになってくると思う。さらに大事なことは、これらの多くの声によって、今イップスに罹った選手たちが、自分だけが苦しんでいるわけではないと、孤独感から解放されることである。誰しも自分の弱点をさらすことは勇気がいる。とくに、日本の風土はまだまだ閉鎖的で、異質なものを排除する空気は残っている。その中で、経験者が勇気を奮って告白していくことは、イップス解消に繋がっていくのではないだろうか。

かつて、がんは不治の病で、医師から告知されることも稀《まれ》だった。しかし、現代はがんを公表し、それとの闘いを発信する人の行動が、同じ病に罹った人たちの助けになっているのも事実である。イップスもそのような形になっていけばと思う。

最後に、森本稀哲の言葉をもって本章の締めとしたい。

森本に少年時代から悩んだイップスの経験をどう考えているのか聞いたときだった。

森本は遠くを見る眼差《まなざ》しになって考えていたが、ようやく口を開いた。

「僕はイップスじゃなかったら、ここまでの選手にはなっていなかった。自分の存在はイップスのお陰だと思えるようになったんです」

沈黙して再び口を開く。

「後ね、イップスになった選手を見ると、こいつすごく優しいんだろうな、そしてすごく上手くなろうとしているんだろうなと思う。その向上心とか僕はよくわかる。見ている人にはただのイップスと映るかもしれないけど、上手く投げようとしすぎているんだなと僕は思う。だから指導する機会があるとしたら、一緒に克服していきたいなと思いますよね。その子たちが苦しみながらも上手くなろうとする気持ちは、とても大事なことだと思うんですよ。哲学とかの話になるけど、今は上手く行っていないけど、仲間への思いやりとかチームへの責任感とかすごくある人だと思うし、彼らが悩んで考えて頑張ることとか、すごくいいことなんですよと伝えたいですね」

森本の眼は一心に何かを伝えようとして、適切な言葉を探しているふうに見えた。

「後で笑い話になるんですから。俺イップスになって投げられなかったよなあって。でもね、僕は今、イップスだって堂々と言えますよ。投げられなくて外野に回ったってふつうに言えますよ。野球にはちゃんとした生きる道が用意されているんです」

野球にはちゃんとした生きる道が用意されている、という彼の言葉で、私はこうも思った。野球を人生という言葉に置き換えても通用することだと。

一七年間のプロ野球生活で、スターとなった森本が思い出すことは、良かったことより上手く行かなかった経験が多い。それは、多くの一流と呼ばれた選手にも共通する思い出のようである。森本には上手く行かなかったことが強く印象に残り、自分の財産になっている。イップスももちろんそうであるし、ミスしたこと、エラーしたこと、ここで打てなかったこと、そんな辛《つら》い思いが、今の第二の人生に生きていると実感する。

悔しく、苦しいいろんな思いが自分を鍛え上げてくれた。自分が次のステップに上がるための学びもさせてくれた。技術、精神力の陶冶《とうや》など収穫は数えきれないほど多い。だからこそ、自身の苦しかった経験を、成功談以上に強く伝えたいと思っている。それが、次の人生に生かせることを多くの人たちに知ってほしいからだ。

イップスも、その一つである。

おわりに

人生において人が試練や困難からどう立ち上がり、そこにどんな意味を見出《みいだ》すのか書きたいと以前から思っていた。私にとって現代のスポーツ界で最たる事例と思えたのが、一種の運動障害と言われたイップスだった。

イップスという症状はどういうプロセスで発症し、どのように治療し、克服すればよいかはっきりとわかっていなかった。とにかくわからないことが多すぎた。さらに症状に罹《かか》った選手たちの克明な体験記もあまりなかった。それは、イップスが人にも言えないほど深刻な状態ということの裏返しでもあった。症状に苦しむ選手が、「なぜ自分だけがこんな苦しみに遭うのか」と悩んだであろうことは想像にかたくない。

当然のことながら、インタビューに応じてもらうのは至難の業であった。「新書版はじめに」にも記したように、約一〇年前にイップスだと世間で囁《ささや》かれた選手何人かに取材を試みた際には、すべて断られた。そこに触れることは、ある種タブーだったのである。

徐々に語る人が増えているとはいえ、いまだ多くはない。そのような状況下で、本書に登場する野球選手、プロゴルファーは自身の体験を話してくれた。いずれも一流と呼ぶにふさわしい実績を持ったアスリートである。彼らの体験から、イップスというものの実態がよくわかっていただけると思う。

コンバートなどの方法で選手として開眼した人も、症状から道を開いたという意味で、私は克服したというとらえ方をした。

さらに今回はスポーツ心理学、医学など学術的な分野にもアプローチしてイップスの解明を試みた。その意図や概要は「新書版はじめに」に記したので触れないが、最後に再度伝えておきたいことがある。

それは、「イップスの克服には情報を遮断することも必要だ」ということである。

現在は情報化社会で、情報を多く持てば持つほどよいとされる。ネットのツールの多角化で、その情報量は一〇年前とは比較にならないほど膨大化した。しかし、凄《すさ》まじい洪水のような情報に溺《おぼ》れ、多くの現代人はかえって物事の本質を見失ってしまっているのではないか。イップスの克服は、ネットに限らず情報という対象との向き合い方も教えてくれるのだ。

プロゴルファーの横田真一は、イップスのときに六〇人ほどのプロに克服方法を聞いたが、すべて違っていた、どれも理に適《かな》っているように思われ混乱してしまった、と語った。結局、自分に合った方法を見つけ出すしかないという結論に達した。

情報をフィルターにかけて削《そ》ぎ落としてゆく能力、多くの理論の中で自分に合った方法を見出す目を持つことが必要になる。そのためには、不要な情報は耳に入れないことも大事なのだ。

「選択肢が多いから迷い、イップスになる」と語る野球選手もいた。「選択肢がなければイップスにならない」とも語った。「いつでもどんなときもぶれないフォームで投げることが大事だ」と述べた選手もいた。

複雑化した現代で、私たちは多様な価値観の中を揺れながら生きている。その中で、私たちが大事にしなければならないのは、ぶれない自分、ぶれない信念、ぶれないフォーム（生き方）を身に付けることだろう。それは極言すれば、よりシンプルなプレースタイルや生き方に還元される。現代文明に逆行するスタイルに、じつはイップスの克服方法があり、ひいては今の時代を生きてゆく秘訣《ひけつ》があったのだ。これは発見だった。

かく言う私も、イップスを経験した一人である。学生時代に日本拳法の選手だった私は、右拳《みぎこぶし》を打つとき、相手の首を摑《つか》んでしまう症状が出て、パンチを打てなくなってしまったのだ。症状は改善されず、サウスポーに余儀なく転換した。しかし症状を補うために科学的なウエイトトレーニングを始め、ボクシングなど他の格闘技を行い、自ら考え、自ら工夫する習慣がついた。それは、後の人生でも生かされることになった。

イップスは誰にでも発症するが、本書に登場する人たちが述べたように「本人のイップスへの向き合い方次第で、多くを学び、多くを得、成長できる」ということは真実で、十分納得しえるものだと思った次第である。

本書を書くにあたり、多くの方のお世話になりました。取材でお世話になった皆様をはじめ、刊行の労を取って頂いた角川新書編集部に厚くお礼を申し上げます。

参考文献

※順不同。書籍・雑誌記事も並列。

【新書版はじめに】

・「阪神・藤浪にイップスの疑い　克服できるのか」「週刊文春」二〇一七年八月三一日号

・荒川和夫「怪物・藤浪晋太郎の曲がり角」「BASEBALL KING」(ホームページ) 二〇一七年七月一二日

・「宮里藍〝パターがイップスになった〟／一問一答二」「日刊スポーツコム」(ホームページ) 二〇一七年五月二九日

・山内リカ「宮里藍引退の引き金は〝パット不調で陥ったトラウマ〟プロゴルファー・村口史子」「AERA dot.」(ホームページ、週刊朝日オンライン限定記事) 二〇一七年五月二九日

【第一章】

・「東京時代の経験があったからファイターズは北海道で成功したんです!!」「ベースボール・マガジン増刊号　俺たちの東京日本ハムファイターズ」二〇一四年二月二六日号

・「〝落ちないフォーク〟プラス落ちるボール　岩本勉」「週刊ベースボール」一九九五年一〇月二三日号

・「六年目岩本が涙の勝利」「週刊ベースボール」一九九六年八月七日号

・「帰ってきてくださいと言いたくても言えないこの気持ち…岩本勉」「週刊ベースボール」一九九六年一〇月七日号

・「テクニカルアナライズ　岩本ツトム」「週刊ベースボール」一九九九年一〇月一一日号
・「岩本勉の残り香　二〇〇二解球新書」「週刊ベースボール」二〇〇二年四月一五日号
・「大谷は三割二〇本塁打、三〇セーブを目指せ　岩本勉　前編」「スポーツコミュニケーションズ」（ホームページ）二〇一三年四月一一日
・「北海道のために人生を賭けたい　岩本勉　後編」「スポーツコミュニケーションズ」（ホームページ）二〇一三年四月二五日
・菊地高弘「【イップスの深層】先輩の舌打ちから始まった、ガンちゃんの制御不能」「Ｗｅｂ　Ｓｐｏｒｔｉｖａ」（ホームページ）二〇一七年五月二五日
・菊地高弘「【イップスの深層】暴投のガンちゃんを救った先輩捕手たちの気づかい」「Ｗｅｂ　Ｓｐｏｒｔｉｖａ」（ホームページ）二〇一七年六月五日
・駒沢悟「真っ向勝負でエースの座に君臨した大石清」「プレスネット」（ホームページ）二〇一六年一二月一〇日

【第二章】

・「チームの危機を救った終盤のラッキーボーイ」「週刊ベースボール増刊号　ヤクルトスワローズ優勝記念号」一九九二年一〇月二一日号
・「名誉挽回のチャンスで見事に期待に応えた」「週刊ベースボール増刊号　ヤクルトスワローズ優勝記念号」一九九三年一〇月二〇日号
・「監督ご推奨〝陰のＭＶＰ〟は――素朴な哲学者」「週刊ベースボール増刊号　ヤクルトスワローズ優勝記念号」一九九五年一〇月一四日号
・「去年の陰のＭＶＰようやく陽の当たる場所へ　週べオーロラビジョン」「週刊ベースボール」一九九六年八月一二日号

・「真面目人間が見せる驚異の勝負強さ」「週刊ベースボールヤクルト優勝増刊号　ヤクルトスワローズ優勝記念号」一九九七年一〇月一六日号
・「野球浪漫第二七回　土橋勝征」「週刊ベースボール」二〇〇一年一〇月八日号
・「惜別球人第三回　土橋勝征」「週刊ベースボール」二〇〇六年一一月二七日号
・「球界に訃報相次ぐ　船田和英さん急死　七八年ヤクルト日本一戦士」「ニッカンスポーツ」一九九二年五月二九日付
・「古田足踏み」「スポーツ報知」二〇〇五年四月二二日付
・「土橋ヤッ砲逆転二ラン」「スポーツ報知」一九九四年六月一一日付

【第三章】

・「フォーム最前線　森本稀哲」「週刊ベースボール」二〇〇〇年七月一〇日号
・「緒方耕一のイースタンチェック　森本稀哲」「週刊ベースボール」二〇〇〇年八月一四日号
・「松坂との対戦で明暗」「週刊ベースボール」二〇〇一年八月一三日号
・「週ベオーロラビジョン　森本稀哲」「週刊ベースボール」二〇〇一年九月二四日号
・「勝つための最強ラインアップ！打線の法則　森本稀哲」「週刊ベースボール」二〇〇六年九月一一日号
・「勢い衰えず　森本稀哲」「週刊ベースボール」二〇〇六年一一月二日号
・「G・G賞に五人が選出」「週ベオーロラビジョン　森本稀哲」「週刊ベースボール」二〇〇一年九月二四日号
・「森本が背番号〝一〟を継承」「週ベオーロラビジョン　森本稀哲」「週刊ベースボール」二〇〇六年一二月一一日号
・「四六　森本稀哲」「北海道日本ハムファイターズ二〇〇六　総決算」ベースボール・マガジン社　二

〇〇六年一二月二五日号
・岡田友輔「データで見る〝守備陣の貢献〟」「北海道日本ハムファイターズ二〇〇六　総決算」ベースボール・マガジン社　二〇〇六年一二月二五日号
・「森本が戦線離脱」「週刊ベースボール」二〇〇七年六月一六日号
・「森本が一軍復帰に意欲」「週刊ベースボール」二〇〇七年七月一四日号
・「試合を決めたあのプレー」「週刊ベースボール」二〇〇七年八月二五日号
・「足で魅せる　森本稀哲」「週刊ベースボール」二〇〇七年九月一七日号
・「球団記録へ迫る安打ラッシュ」「週刊ベースボール」二〇〇七年五月七日号
・「二〇〇七年日本シリーズ展望　北海道日本ハムファイターズ」「週刊ベースボール」二〇〇七年一一月五日号
・「新しいことに挑戦中　森本稀哲」「週刊ベースボール」二〇〇七年一二月三日号
・「試合を決めたあのプレー　森本稀哲」「週刊ベースボール」二〇〇八年八月二五日号
・「来季の復活を誓います　森本稀哲」「週刊ベースボール」二〇〇八年一一月一〇日号
・「ザ　テクニカル　レファレンス　森本稀哲」「週刊ベースボール」二〇〇八年一一月二四日号
・「惜別球人　第一回　森本稀哲」「週刊ベースボール」二〇一五年一一月九日号
・「森本六の六!!」「スポーツ報知」二〇〇六年九月一八日付
・「ハムの緊張解かした　ひたむき全力プレー」「スポーツニッポン」二〇〇六年一〇月一二日付
・「心強かった〝新庄お兄ちゃん〟の言葉」「スポーツニッポン」二〇〇六年一〇月一三日付
・「跳んだ！泣いた！二五年ぶりV」「日刊スポーツ」二〇〇六年一〇月一三日付
・「本能超えた森本の激走」「スポーツニッポン」二〇〇六年一〇月一三日付
・「二四戦連続安打　ひちょり旅」「スポーツ報知」二〇〇七年五月二一日付
・森本稀哲『気にしない。どんな逆境にも負けない心を強くする習慣』ダイヤモンド社　二〇一七年

・白井一幸『北海道日本ハムファイターズ流　一流の組織であり続ける三つの原則』アチーブメント出版　二〇一七年
・「新庄、稲葉、森本…〝伝説の日ハム外野トリオ〟は何が違ったのか？　稀哲氏が語る最強の外野守備とは」「ベースボールチャンネル」（ホームページ）二〇一七年六月二八日
＊その他「朝日新聞」（二〇〇六年一〇月一三日）、「日本経済新聞」（同一〇月一二日、一三日付）を参考とした。

【第四章】
・「イップス克服へ苦闘　プロゴルファー・佐藤信人」（上）「日本経済新聞・夕刊」二〇一一年一一月二一日付
・「パットさえ、シード復帰　プロゴルファー・佐藤信人」（下）「日本経済新聞・夕刊」二〇一一年一一月二二日付
・「大会記事　優勝カップを受け取ったとき、刻印された歴代優勝者の名前が目に飛び込んできました　佐藤信人」「日本プロゴルフ選手権大会二〇〇〇」一般社団法人日本ゴルフツアー機構ホームページ
・「大会記事　一年前から佐藤とともにスイング改造に取組んできたコーチの井上透さん」「日本プロゴルフ選手権大会二〇〇〇」一般社団法人日本ゴルフツアー機構ホームページ
・中川一省「二〇〇〇年日本プロゴルフ選手権　聖戦の軌跡」カレドニアン・ゴルフクラブホームページ
・塩原義雄「イップスは友達みたいなもの…と達観した佐藤信人が単独トップに立つ　第三日」「二〇一一年度（第七六回）日本オープンゴルフ選手権競技」日本ゴルフ協会ホームページ
・三田村昌鳳「佐藤信人は、日本オープンが新たな出発点に　第四日」「日本オープンゴルフ選手権競

技二〇一一 競技報告」日本ゴルフ協会ホームページ
・「二〇一一年大会ハイライト」「二〇一一年度（第七六回）日本オープンゴルフ選手権競技」日本ゴルフ協会ホームページ
・「ベテランが起こした静かな感動…佐藤信人の復帰元年に注目だ」「GDOニュース（ゴルフダイジェスト・オンライン）」（ホームページ）二〇一二年四月七日
＊その他「TAM ARTE QUAM MARTE二九」（二〇〇〇年六月）などを参考にしました。

【第五章】

・「一年でシード手放す プロゴルファー・横田真一（上）」「日本経済新聞・夕刊」二〇一七年二月六日付
・「大学院の研究生かす プロゴルファー・横田真一（中）」「日本経済新聞・夕刊」二〇一七年二月七日付
・「ツアー改革にも奮闘 プロゴルファー・横田真一（下）」「日本経済新聞・夕刊」二〇一七年二月八日付
・「書斎のゴルフ」編集部構成「横田真一・デッドハンド！〝死んだ手〟が寄せのコツ」『次のコンペで勝つ！ 一〇打縮まるゴルフの特講 日経プレミアムシリーズ三〇四』日本経済新聞出版社 二〇一六年
・「著名人から学ぶリーダーシップ 自己感覚に素直になれ――僕のゴルフ人生 プロゴルファー 横田真一」「ビズサプリ」（ホームページ）
・廣戸聡一『ゴルフ四スタンス理論 タイプ別セオリー』実業之日本社 二〇一五年

・「四スタンス倶楽部…自分のタイプを知ることは、自分の可能性を拓くこと…」（ホームページ）
・桂川洋一「横田真一はゴルファー兼大学院生⁉〝選手の賞味期限〟とセカンドキャリア。」「Number Web」（ホームページ）
・「大会記事　横田真一が一三年ぶりのツアー通算二勝目」「キヤノンオープン二〇一〇」一般社団法人日本ゴルフツアー機構ホームページ
・「横田が一三年ぶりの勝利！石川は猛追及ばず　キヤノンオープン」「GDOニュース（ゴルフダイジェスト・オンライン）」（ホームページ）二〇一〇年一〇月一〇日
・「動画レッスン【Enjoy!Golf】横田真一の〝冬場のカラーからのアプローチ〟編」「SANSPO・COM」（ホームページ）二〇一六年一二月二八日
・柳川悠二「〝イップス〟という病」「週刊ポスト」二〇一一年一二月二三日号
・「横田真一がチャレンジトーナメント二勝目を飾る！」「GDOニュース（ゴルフダイジェスト・オンライン）」（ホームページ）二〇〇七年六月二二日
・「〝第二の人生〟を覚悟の横田、首位タイで決勝へ　キヤノンオープン」「GDOニュース（ゴルフダイジェスト・オンライン）」（ホームページ）二〇一〇年一〇月八日
・「大会記事　横田真一は家族の支えを力に変えて…」「キヤノンオープン二〇一〇」一般社団法人日本ゴルフツアー機構ホームページ
・「大会記事　田島創志〝ガツン、と行っときたい〟」「日本プロゴルフ選手権二〇〇八」一般社団法人日本ゴルフツアー機構ホームページ
・「〝リーチ一発で〟丸ちゃん首位！土壇場Vで日本シリーズなるか」「ALBA」（ホームページ）二〇〇九年一一月二七日
・「マイキャディ日記　〝地元〟名古屋で宮里優作、劇的勝利！妹・藍も大興奮」「スポーツナビ　プラス」（ホームページ）二〇一七年五月一日

・「一般社団法人レッシュ・プロジェクト」（ホームページ）
・小林弘幸『「怒らない体」のつくり方』祥伝社　二〇一四年
・「一流の人は〝自律神経〟が整うよう、工夫をしている――順天堂大学医学部教授　小林弘幸氏の仕事論」「リクナビNEXTジャーナル」（ホームページ）
・マルティックス、出島正登　構成・文「四〇分の〝余裕〟がスコアアップにつながる。小林弘幸」「DIAMOND online plus　特別広告企画」（ホームページ）
・「ゴルフって何がいいの？教えてよ、センパイッ！　小林弘幸」「GREEN　GORA」（ホームページ）

【第六章】

・工藤和俊「イップス（Yips）と脳」「体育の科学」五八巻二月号　杏林書院　二〇〇八年
・工藤和俊「試合で力を発揮するための運動技術の学習における多様性の大切さ」「コーチング・クリニック」ベースボール・マガジン社　二〇一五年三月号
・澤宮優『打撃投手　天才バッターの恋人と呼ばれた男たち』講談社　二〇一一年
・「プロ野球にも続々…イップスはどんな選手がなりやすい？」「日刊ゲンダイDIGITAL」（ホームページ）二〇一六年一二月一〇日
・金明昱「苦悩の女王・森田理香子〝世間にイップスと知られるのが怖かった〟」「Web　Sportiva」（ホームページ）二〇一六年八月九日
・南しずか「一度ならず二度のイップスを克服！宮里藍、強靭なメンタルの謎。」「Number　Web」（ホームページ）二〇一五年一二月三日
・樋口久子「風の吹くまま　第八六回」「ALBA　TROSS-VIEW」ALBA　二〇一四年一一月一三日号

・「勝ち続けるということ・後編　中嶋常幸・片山晋呉」「ALBA　TROSS-VIEW」ALBA　二〇一二年七月二六日号
・「かつて怪童と言われ続けた男は、イップスと闘い続け、全日本に別れを告げる　坂本竜介」「卓球王国」卓球王国　二〇一三年三月号
・松尾牧則「武道学最前線　第一一回　弓道文献からみた癖（射癖）の矯正と課題――早気について――」「月刊武道」公益財団法人日本武道館　二〇〇三年二月号
・松尾牧則「弓道　その歴史と技法　第二九回現代弓道の体系化された技法③〝射法八節〟の要点（下）」「月刊武道」公益財団法人日本武道館　二〇一三年二月号
・「緊急企画　テニスとイップス　指導●佐藤雅幸」「テニスマガジン」ベースボール・マガジン社　二〇〇八年六月号
・佐藤雅幸、堀内正浩ほか「テニスにおけるイップスとジストニアの関係（その一）」「第二五回テニス学会（東京：日本大学）資料」二〇一三年一月
・「米米CLUB・フラッシュ金子、職業性ジストニアのためサックス休業」「ORICON　NEWS」（ホームページ）二〇一二年四月四日
・「米米CLUBのメンバーのフラッシュ金子さんの難病〝職業性ジストニア〟とは？」「NAVERまとめ」（ホームページ）二〇一二年四月四日
・梶龍兒監修・堀内正浩編著『ジストニア　診療とケアマニュアル』　診断と治療社　二〇一二年

【その他】
・公益財団法人　日本ゴルフ協会『ゴルフルール早わかり集』ゴルフダイジェスト社　二〇一六年

写真提供　時事通信社

本書は二〇一八年一月に小社より刊行された単行本を、追加取材を行い、加筆修正したものです。

澤宮　優（さわみや・ゆう）
1964年、熊本県生まれ。ノンフィクション作家。青山学院大学文学部史学科卒業、早稲田大学第二文学部日本文学専修卒業。主に陰の世界で懸命に生きる者に光を当てることをテーマに幅広く執筆。2003年に刊行された『巨人軍最強の捕手 伝説のファイター吉原正喜の生涯を追う』（晶文社、のち『戦火に散った巨人軍最強の捕手 吉原正喜・炎の生涯』と改題のうえ河出文庫）で第14回ミズノスポーツライター賞優秀賞受賞。著書に『世紀の落球 「戦犯」と呼ばれた男たちのその後』（中公新書ラクレ）、『人を見抜く、人を口説く、人を活かす プロ野球スカウトの着眼点』（角川新書）、『イラストで見る昭和の消えた仕事図鑑』（平野恵理子との共著、角川ソフィア文庫）など多数。
澤宮優公式サイト　http://www2.odn.ne.jp/yusawamiya/

イップス
魔病《まびょう》を乗《の》り越《こ》えたアスリートたち
澤宮《さわみや》　優《ゆう》

2021 年 10 月 10 日　初版発行
2024 年 10 月 25 日　再版発行

◆◇◇

発行者　山下直久
発　行　株式会社KADOKAWA
〒102-8177　東京都千代田区富士見 2-13-3
電話　0570-002-301（ナビダイヤル）

装 丁 者　緒方修一（ラーフイン・ワークショップ）
ロゴデザイン　good design company
オビデザイン　Zapp!　白金正之
印 刷 所　株式会社KADOKAWA
製 本 所　株式会社KADOKAWA

角川新書
　ISBN978-4-04-082397-3 C0295